Lógica para pedestres

SÉRIE ESTUDOS DE FILOSOFIA

inter
saberes

Lógica para pedestres

2ª edição

Erickson C. dos Santos

inter saberes

Rua Clara Vendramin, 58 . Mossunguê
CEP 81200-170 . Curitiba . PR . Brasil
Fone: (41) 2106-4170
www.intersaberes.com
editora@intersaberes.com

Conselho editorial
Dr. Alexandre Coutinho Pagliarini
Dr.ª Elena Godoy
Dr. Neri dos Santos
M.ª Maria Lúcia Prado Sabatella

Editora-chefe
Lindsay Azambuja

Gerente editorial
Ariadne Nunes Wenger

Assistente editorial
Daniela Viroli Pereira Pinto

Edição de texto
Monique Francis Fagundes Gonçalves

Capa
Denis Kaio Tanaami (*design*)
Sílvio Gabriel Spannenberg (adaptação)
Everett Collection/Shutterstock (imagem)

Projeto gráfico
Bruno Palma e Silva

Iconografia
Regina Claudia Cruz Prestes

Dados Internacionais de Catalogação na Publicação (CIP)
(Câmara Brasileira do Livro, SP, Brasil)

Santos, Erickson C. dos
    Lógica para pedestres / Erickson C. dos Santos. -- 2. ed. -- Curitiba, PR : Editora InterSaberes, 2023. -- (Série estudos de filosofia)

    Bibliografia.
    ISBN 978-85-227-0642-6

    1. Lógica – Estudo e ensino I. Título. II. Série.

23-155627   CDD-160

Índices para catálogo sistemático:
1. Lógica : Filosofia   160

Eliane de Freitas Leite – Bibliotecária – CRB 8/8415

1ª edição, 2016.
2ª edição, 2023.

Foi feito o depósito legal.

Informamos que é de inteira responsabilidade do autor a emissão de conceitos.

Nenhuma parte desta publicação poderá ser reproduzida por qualquer meio ou forma sem a prévia autorização da Editora InterSaberes.

A violação dos direitos autorais é crime estabelecido na Lei n. 9.610/1998 e punido pelo art. 184 do Código Penal.

sumário

apresentação, ix
organização didático-pedagógica, xv
introdução, xix

1   *Brevíssima história da lógica*, 26

    1.1 Lógica grega, 28
    1.2 Lógica dos estoicos, 36
    1.3 Lógica medieval, 39
    1.4 Lógica moderna, 41
    1.5 História da lógica no Brasil, 48

2 Ferramentas lógicas, 56
2.1 Sobre argumentos, 58
2.2 Para reconhecer argumentos, 63
2.3 Inferência, 64
2.4 Falácias, 74

3 Proposições e silogismo categóricos, 86
3.1 Tipos de proposições categóricas, 88
3.2 Quantidade, qualidade e distribuição, 93
3.3 Quadro de oposição, 97
3.4 Silogismo categórico, 101

4 Lógica simbólica, 112
4.1 Representação das proposições por meio de símbolos, 114
4.2 Enunciado conjuntivo, 115
4.3 Enunciado negativo, 119
4.4 Enunciado disjuntivo, 120
4.5 Enunciado condicional, 124
4.6 Enunciado bicondicional (ou equivalência), 127
4.7 Síntese da representação dos enunciados pelos conectivos lógicos, 129
4.8 Classificação das expressões lógicas, 131

5 Sobre a questão da verdade e a lógica, 138
5.1 Princípios do pensamento lógico, 140
5.2 Digressões sobre a verdade, 142
5.3 Inferência abdutiva, 151

6 O método de dedução natural, 168

considerações finais, 181
referências, 183
bibliografia comentada, 187
respostas, 189
sobre o autor, 195

apresentação

A *pequena incursão aqui* apresentada revela-se como um passo modesto para compreender uma área do conhecimento que encerra algumas peculiaridades e que, muitas vezes, remete à perspectiva humana do saber aos caprichos da inspeção do raciocínio, da "reta razão", na expressão que muitos filósofos usaram depois de Descartes. O exercício do bom raciocínio sempre deve ser feito em algum ritmo que tenha um início adequado, com a segurança de que algo foi feito para preencher as bases necessárias de uma jornada que não se limita a poucas leituras. Assim, a pretensão desta obra é oferecer uma "faixa de pedestres", uma margem de segurança, para percorrer alguns temas básicos no aprendizado da lógica.

Por que é um passo? Precisamos entender que a filosofia é ampla e demasiadamente complexa, assim como outras áreas do conhecimento consideradas de igual calibre, quando observamos a profundidade dos raciocínios que as constituem. A amplitude das aplicações também é de nos fazer perder o horizonte nos dias atuais. Assim igualmente é a lógica. Sua imensidão não se comporta em algumas páginas que, ao fim e ao cabo, apenas introduzem o fio condutor dos pensamentos organizados e mais corretos que se pode esperar para uma apresentação de bons argumentos. Afinal, sempre queremos vitória em nossas exposições de raciocínios. O que intentamos que o leitor compreenda ao iniciar o estudo proposto é que raciocinar bem é sinônimo de raciocinar logicamente, com suas regras, seus princípios e métodos ímpares.

O que pode ajudar no início dos estudos de um curso de lógica é perceber a necessidade de ser bem entendido, de fazer os interlocutores que temos continuamente sentirem a beleza e a força de uma argumentação orientada corretamente. Não há algo que possamos gerenciar melhor que nossos pensamentos e a maneira como os apresentamos conforme a necessidade do discurso. Isso fica claro ao longo de uma formação acadêmica, mas nos atinge também quando buscamos nos expressar melhor diante das situações cotidianas. Não sem tempo, uma breve apresentação como esta tem a possibilidade de aproximar o leitor de uma pequena parcela do que a lógica exige quando se forma uma cadeia bem-ordenada de raciocínios a fim de com ela obter um resultado, que deve ser, tanto quanto as inferências, disposto do melhor modo possível.

Assim, a expectativa é familiarizar o leitor, em certo sentido, com o que é expor as múltiplas possibilidades que uma boa construção de argumentos requer e envolvê-lo no imenso universo dessa área atraente na qual os lógicos fazem, em teoria e prática, uma busca pela "perfeição", no sentido de correção e verdade aqui identificado.

Então, ao apresentarmos este livro, esperamos que seja de alguma valia não apenas o conteúdo, mas a ordem dos temas dispostos. Tornam-se de responsabilidade do autor as duas tarefas, incômodas e ingratas, pois o direcionamento de um curso pode ser mais bem construído se seu acompanhamento for comprometido com a dedicação de alguém que procurou construir as ferramentas mais precisas para o iniciante.

Não devemos almejar muita ousadia neste primeiro passo, que é o de suscitar no leitor as noções básicas daquela que foi a prévia escolha dos temas. De fato, há vários caminhos para os estudos da lógica, pois, como disciplina, ela preserva uma longevidade de séculos; de certo modo, isso se deve em parte aos seus requintes de construção teórica que, ao longo de seu desenvolvimento como uma fértil área do conhecimento, sempre foi aperfeiçoada. Devemos também observar a aplicação da lógica aos estudos a que os eruditos ofereceram sobrevida, mesmo em tempos em que parecia não ter tanta fertilidade quanto poderia ter oferecido. Referimo-nos aqui ao período medieval, cronologicamente distante de nós, mas com uma importância de enorme envergadura na história da humanidade, cujos estudos, infelizmente, não costumamos enfrentar com tanta dedicação quanto deveríamos.

Uma acepção a ser tomada para este estudo preliminar é aquela que o título sugere: uma apresentação para os neófitos da filosofia. Portanto, o caminho seguro que *Lógica para pedestres* propõe partiu da necessidade de construir alguns dos alicerces que o estudo da lógica traz como disciplina, entre tantas outras, construção a que o iniciante tem de se submeter. Talvez aqui seja possível dizer a ele que a travessia tranquila pelas intempéries que a busca por conhecimento proporciona até hoje merece um referencial adequado, que pode ser construído com a força de uma área tão amplamente investigada.

O sucesso da lógica desde Aristóteles é de grande merecimento e é mencionado na pequena incursão por sua história. Também constitui boa parte da teoria e dos exercícios aquilo que foi tema da lógica clássica desenvolvida por ele. O estudo dos silogismos e das tabelas de verdade e a introdução à lógica simbólica fazem parte de uma iniciação à lógica. Esperamos que seja dado o primeiro passo ao desenvolvimento de habilidades que possam auxiliar o estudante de Filosofia ou curiosos pela disciplina.

Assim, após uma breve apresentação metodológica, indicamos a preocupação fundamental de introduzir os conceitos elementares da lógica e a necessidade de praticá-los. Expomos alguns argumentos que respondem pela importância de estudar essa área do conhecimento fundamentada por Aristóteles no século III a.C. Desse modo, ao citarmos o pensador estagirita, podemos iniciar o Capítulo 1 com a história da lógica e percorrer um itinerário que evidencia um pouco do pensamento de alguns filósofos que contribuíram historicamente para o período da lógica na Antiguidade. Infelizmente, não é possível abarcar todos aqueles que contribuíram para o crescimento e engrandecimento dos diversos modos de pensar da razão humana. Por isso, selecionamos alguns autores para introduzir o pensamento característico de outros períodos, como o medieval e o moderno. Aqui é necessário comentar que o período contemporâneo foi valorizado na presente obra de modo a contemplar o desenvolvimento da lógica no Brasil, algo pouco lembrado hoje, mas que serve para ressaltar que os filósofos brasileiros têm colaborado para essa área do conhecimento.

O Capítulo 2 traz o que precisa ser visto como o início do desenvolvimento das habilidades peculiares à lógica. Com a finalidade de introduzir conceitos básicos da estrutura de raciocínios, como argumento, premissa e conclusão, e facilitar sua compreensão, analisamos alguns exemplos, bem como propomos exercícios para que o leitor treine as possibilidades de aplicação de tais conceitos. Também expomos outra importante noção a ser desenvolvida em lógica: a inferência. Trata-se de considerar a questão dos raciocínios e seus procedimentos para a construção de uma boa argumentação. Assim, do lado oposto ao do bom argumento feito pela correta inferência temos um pequeno estudo sobre falácias, que indicam os erros ou enganos cometidos no cotidiano pelo desejo de alcançar vitória em um debate ainda que com alguma lacuna na lógica dos raciocínios formulados.

O Capítulo 3 envolve a proposição categórica, tal como se deve entender a inferência dedutiva na sua forma básica. Ela é mais simples no que diz respeito ao formato, porém é o núcleo do pensamento dedutivo. Sempre supomos que um bom raciocínio contém essa valiosa forma de premissas claras que convergem na conclusão. Desse modo, abordamos as noções de sujeito e predicado, que são muito usadas no decorrer da obra, assim como outros conceitos que empregamos em nível mais sofisticado ou não: proposições universais, particulares, afirmativas e negativas. Eles refletem a importância da lógica na linguagem e o modo pelo qual podemos aprimorar o entendimento de muitas situações de conteúdo obscuro, mas de fácil resolução se utilizadas as regras lógicas aqui dispostas.

O Capítulo 4 complementa uma parte essencial ao desenvolvimento de ferramentas para a análise do discurso. Nele incluímos a noção simbólica que a lógica pode tomar, ou seja, a perspectiva de uma linguagem ser representada por letras e conectivos que, segundo regras, indicam como as frases e os argumentos podem se conectar de forma adequada. Não devemos esquecer que a estrutura por meio de símbolos preserva uma inadequação para o uso do cotidiano, mas que é de vital importância para algumas aplicações acadêmicas.

No Capítulo 5, exploramos alguns tópicos fortemente ligados entre si: os princípios que regem a lógica clássica, a questão da verdade e outro tipo de inferência, a abdutiva. A intenção é fornecer uma abordagem mais teórica, porém de grande relevância para adentrar a fronteira do conhecimento entre lógica e epistemologia, pois, se a última busca o conhecimento verdadeiro, de algum modo pode conectar-se com o formalismo que a lógica proporciona no exame das proposições.

No Capítulo 6, a dedução natural encerra a obra como uma parte da lógica que pode ser entendida de forma bastante simplificada por meio de algumas regras que mostram o poder do raciocínio dedutivo.

Observamos, por fim, que as atividades escolhidas como exercício para avaliar os conhecimentos obtidos em cada capítulo podem auxiliar no progresso do esforço de aprendizagem.

Boa leitura e bons estudos!

organização
didático-pedagógica

Esta seção tem a finalidade de apresentar os recursos de aprendizagem utilizados no decorrer da obra, de modo a evidenciar os aspectos didático-pedagógicos que nortearam o planejamento do material e como o aluno/leitor pode tirar o melhor proveito dos conteúdos para seu aprendizado.

Introdução do capítulo

Logo na abertura do capítulo, você é informado a respeito dos conteúdos que nele serão abordados, bem como dos objetivos que o autor pretende alcançar.

Síntese

Você conta, nesta seção, com um recurso que o instigará a fazer uma reflexão sobre os conteúdos estudados, de modo a contribuir para que as conclusões a que você chegou sejam reafirmadas ou redefinidas.

Atividades de autoavaliação

Com estas questões objetivas, você tem a oportunidade de verificar o grau de assimilação dos conceitos examinados, motivando-se a progredir em seus estudos e a se preparar para outras atividades avaliativas.

Atividades de aprendizagem

Aqui você dispõe de questões cujo objetivo é levá-lo a analisar criticamente determinado assunto e aproximar conhecimentos teóricos e práticos.

Bibliografia comentada

Nesta seção, você encontra comentários acerca de algumas obras de referência para o estudo dos temas examinados.

introdução

Algumas *perguntas parecem* razoáveis quando estamos com um livro de lógica nas mãos: Por que estudar lógica? Serve para quê? É algo presente no cotidiano? Há outra maneira de aprender seu conteúdo sem o formalismo que as obras geralmente apresentam? Quando conseguimos saber que conhecemos o suficiente da disciplina?

Responder a esse conjunto de indagações que estudantes ou pessoas mais entusiasmadas por adquirirem conhecimento formam a respeito da lógica pode dar origem a muitas outras. Afinal, o processo de aprendizado individual depende de determinados requisitos em relação a quem se dedica à disciplina e a como procede com a metodologia de estudo. Talvez seja possível adequar algumas necessidades que temos para tal área com as questões prementes que as dificuldades diárias introduzem.

A metodologia de estudo pode ser crucial para abordar um tema concebido como árido, formal, excessivamente racional ou mesmo distante do mundo em que vivemos. Porém, uma inspeção rasa ajuda a compreender que as questões dos estudantes e de pessoas leigas, de um modo ou de outro, conduzem a algum comentário prévio sobre a natureza da lógica, sua aplicação e seu caráter filosófico.

Aliás, nem sempre as respostas apresentadas em livros contribuem de forma esclarecedora, mas há alguma razão para isso. Estudar lógica requer grande vontade para organizar aquelas ideias mais escondidas no ambiente intelectual ou, quiçá, uma intenção bastante clara de ser entendido quando o desejo é expressar-se intelectualmente. O melhor raciocínio, de fato, corresponde à opção por estudar algo que pode ser amparado de maneira efetiva pela disciplina aqui discutida. Muitas dúvidas poderiam ser evitadas se as pessoas se expressassem "logicamente", ou seja, de modo menos confuso, com pensamentos mais bem-ordenados (o que quer dizer que deveriam apresentar uma estrutura e hierarquia), de modo a serem entendidos numa cadeia de raciocínios progressivos. No entanto, os humanos não são máquinas, o que torna as coisas mais falíveis, no sentido de que temos a chance de errar; nesse contexto, tentamos partilhar erros e acertos como um processo de aprendizagem que nos envolve diariamente.

É claro que essa noção de evolução nos raciocínios em uma curva sempre crescente pode parecer difícil, uma tarefa exageradamente árida para ser cumprida em muitas ocasiões; entretanto, é o mote que um bom argumento exige para uma pessoa ser bem compreendida quando emite opiniões nos diversos níveis que o discurso permite. A questão aqui tratada é exatamente esta: Como se faz para expressar o melhor do conteúdo discursivo? Qual é o melhor caminho? O mais seguro é de fácil acesso? A resposta aqui tem ligações com aquelas perguntas esboçadas no início do texto.

Uma busca incansável que fazemos quando estudamos lógica é a da precisão. Os raciocínios lógicos são exercícios para um pensamento correto, diretrizes de como o discurso mais claro e mais adequado pode ser realizado. Tudo deve estar de acordo com algumas regras estabelecidas por pessoas que se debruçaram para resolver imprecisões no discurso e, se possível, evitar falhas que eventualmente aparecem quando se apresentam argumentos. Também vale observar que, muitas vezes, a ambiguidade está presente nos debates de todos os tipos, ou seja, estão permeados de duplo sentido. No caso da imprecisão, devemos entender que o que foi dito não é possível determinar. Esses conceitos e outros são importantes para aceitarmos que raciocínios lógicos bem conduzidos não são adorno na aquisição do conhecimento de qualidade, mas constituem uma necessidade real para sermos entendidos sempre que nos fazemos representar pelo discurso escrito ou oral.

Estudar lógica não requer nenhum tipo de habilidade específica, mas, se possível, muita dedicação. Em geral, é uma disciplina que os alunos rejeitam por mera comparação com a matemática, o que não é o caso. Apesar de algumas semelhanças entre ambas na busca pelo rigor e pelo formalismo, podemos assumir que lógica tem uma relação mais próxima com a filosofia do que com a matemática.

Uma dica importante foi apontada no parágrafo anterior: dedicação. Não se trata de uma orientação obscura, pois qualquer disciplina apresenta algum nível de dificuldade se o iniciado se compromete a estudá-la com profundidade, seriedade e persistência. Afinal, o resultado desejado é a ampliação da capacidade de avaliar a validade, a verdade e o poder argumentativo contidos em temas filosóficos ou não. O que se espera, portanto, é um avanço para um raciocínio cada vez melhor, capaz de introduzir padrões que facilitem encontrar as formas mais usadas para se pensar corretamente e, sempre que possível, detectar os enganos comumente presentes em tipos de discurso menos cuidadosos.

De fato, a linguagem é uma imensa área do conhecimento humano, impressionante no seu alcance e, por isso mesmo, de difícil domínio em todas as suas nuances. Apenas é preciso admitir que, para pensar melhor, é necessário buscar correção na linguagem utilizada, nas atividades do cotidiano e em quaisquer outras mais elaboradas intelectualmente. Ainda, qualquer um que se lance a tal tarefa deve colher bons frutos para desenvolver o próprio estilo de "enxergar" as questões e resolvê-las. É aí que entra a lógica dos raciocínios!

O passo mais árduo na direção de melhorar a capacidade crítica a ser desenvolvida reside na aplicação dos conceitos. Infelizmente, aqui também não há receita fácil. É importante procurar os exemplos e fazer alguns exercícios, que, em nosso caso, acompanharão a teoria. Esse aspecto de "exercitar" os conhecimentos não é tão comum à filosofia, pois a interpretação textual toma lugar de unanimidade quando se trata da compreensão do tema aqui proposto.

A presença da lógica é irrefutável na formação de qualquer um que almeje maior habilidade no discurso, escrito ou falado. Sempre há exemplos de como as conversas calorosas nos confundem; textos podem conduzir ao debate de modo árduo na finalização de longos pensamentos, e há pessoas que desviam o foco da boa argumentação em favor de algum benefício escuso ou de raciocínios falaciosos de diversos tipos.

Enfim, ao se decidir por estudar com a finalidade de melhorar a habilidade de se expressar, de arguir com algum nível de sofisticação, terá o leitor de escolher por si mesmo quando optar pela apresentação daquilo que a razão bem organizada se compromete a executar: o discurso claro, revelado por raciocínios bem fundamentados. Se esse é o alvo, de algum modo o iniciante precisa mirar nele e pautar-se em uma metodologia mínima, para converter as dificuldades em apenas etapas a serem vencidas.

Possivelmente a metodologia de estudo é diversificada para os estudantes em geral, mas vale a pena ressaltar que é quase obrigatório colocar em prática os raciocínios com alguns exercícios que acompanham esse trabalho. A ideia simples que propomos é percorrer cada capítulo de modo a observar as pequenas orientações teóricas, refazer os exemplos, quando existirem, até chegar aos exercícios para, então, adquirir certa segurança pela prática constante e, consequentemente, conseguir algum domínio da disciplina. Isso acontece quando temos a sensação de que podemos explicar a outrem aquilo que estudamos.

Como uma última palavra, inclinamo-nos a aceitar que hoje há farto material disponível virtualmente. Indicamos apenas que o julgamento deste ou daquele conteúdo ficará sob os cuidados de quem se aventurar a procurar caminhos seguros em meio a tantas facilidades que o ambiente virtual proporciona. São necessários muitos critérios para a "navegação". Apenas uma inspeção cuidadosa pode oferecer aquilo que é raro entre as páginas virtuais: qualidade.

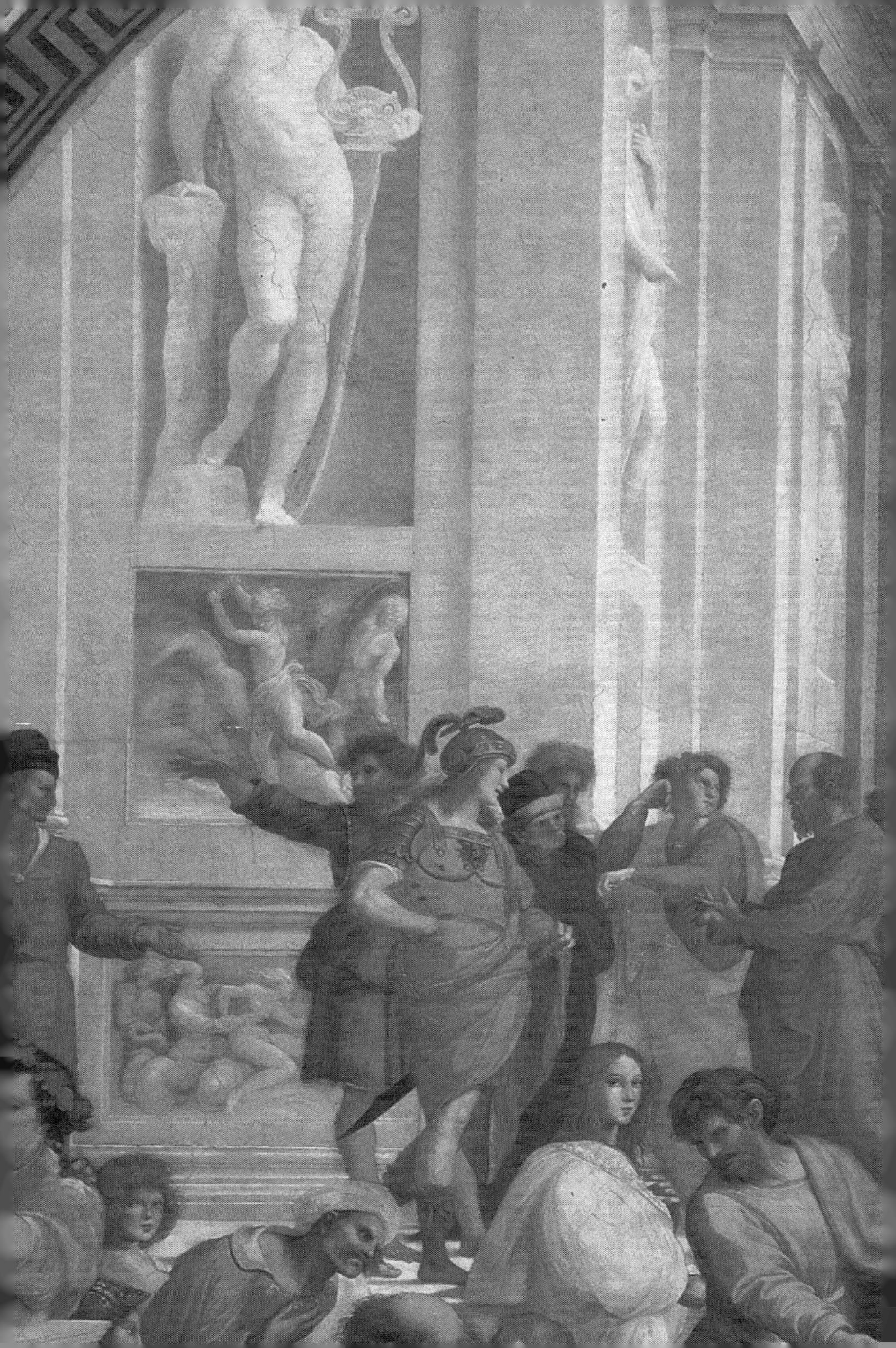

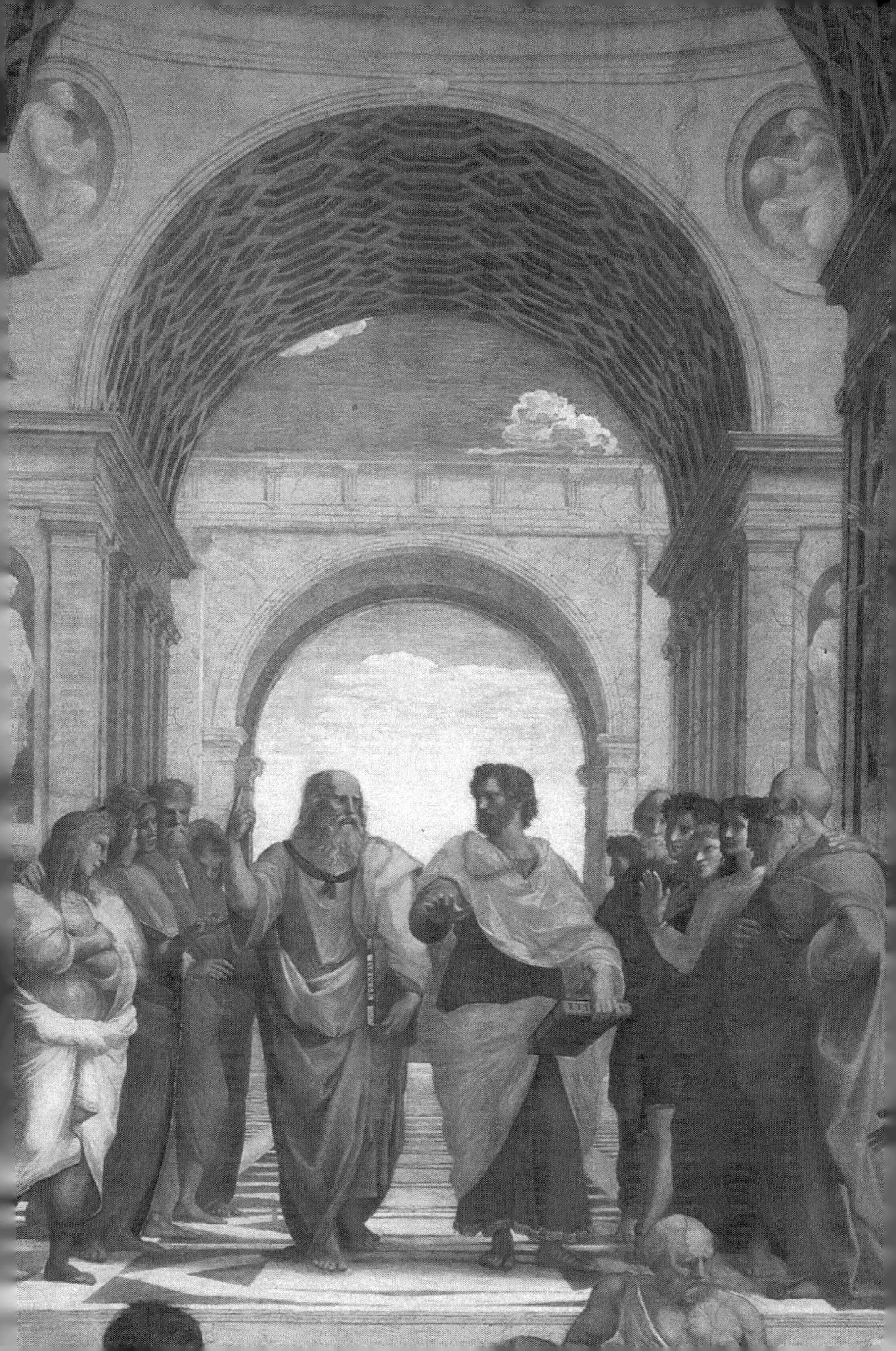

1

Brevíssima história da lógica

A importância da história da lógica reside no fato de ser o pano de fundo necessário para a compreensão de alguns pensadores e temas que a constituem. O valor da história aqui introduzida de modo elementar está em incentivar o leitor a investigar o assunto de forma mais ampla e profunda posteriormente. É o percurso da curiosidade pela pesquisa mais atenta que pode acrescentar mais conhecimento. Acreditamos que situar historicamente a construção de alguns conceitos fundamentais pode ser um recorte possível entre tantas leituras da lógica e de sua história.

Esperamos que o incentivo seja suficiente ao apontarmos nomes como os de Platão, Aristóteles, Descartes e outros, apesar de que cada um deles mereceria uma biografia mais ampla. Por outro lado, como veremos, o trabalho de construção da lógica no Brasil também tem destaque, pois foi criada uma escola de pensamento lógico inovador e, se é possível dizer, de um tom um pouco além do raciocínio aristotélico, isto é, a lógica paraconsistente.

1.1
Lógica grega

Para darmos início ao pequeno debate, basta-nos a seguinte citação, a qual nos conduz ao maior expoente da lógica, Aristóteles (384 a.C.-322 a.C.): "Todos os homens, por natureza, tendem ao saber" (Aristóteles, 2005, p. 3). Essa proposição indica a principal preocupação do filósofo: um desejo, uma força que nos leva a buscar o conhecimento. Existe essa tendência em nós, essa inclinação humana para refletir, questionar e elaborar o saber. Abordar a história da lógica implica proporcionar algumas oportunidades para a reflexão sobre o surgimento dessa área do conhecimento que, atualmente, é reconhecida como tendo base nos trabalhos de Aristóteles. Ele não foi o primeiro a apresentar as principais ideias que fomentaram o aparecimento da lógica, mas ofereceu os fundamentos que estabeleceram as investigações até meados do século XIX, quando, então, ela recebeu uma "nova roupagem", havendo, posteriormente, grandes inovações que contribuíram para aperfeiçoá-la no decorrer do seu desenvolvimento.

A lógica aristotélica contém, de fato, grande parte do que é necessário para as aplicações que se encontram na filosofia, a saber, um discurso mais elaborado, e também no debate que se faz no cotidiano, apresentado pelo senso comum. O que é importante salientar inicialmente é que os gregos foram os primeiros a discutir os princípios de inferência válida, que é o grande objeto de estudo da lógica. Aliás, ela não se constitui apenas em um estudo sobre argumentos válidos, é também uma disciplina que busca refletir a respeito dos fundamentos que permitem a utilização de tal validade.

Isso se faz necessário pois outras formas de linguagem não buscam a mesma precisão. Um poeta, por exemplo, pode tratar a linguagem e (*grosso modo*) a correspondência dos elementos que compõem a suposta realidade descrita por ele com um grau de liberdade extraordinário. Não há por parte dele interesse em abordar alguma estrutura para ser analisada em conformidade com argumentos válidos ou não. A linguagem do poeta permite-lhe estabelecer aquilo que se chama *licença poética*; portanto, não faz uso do rigor que uma análise de premissas pode suportar.

Na realidade, a linguagem do cotidiano muitas vezes não consegue abarcar a exigência de uma investigação mais minuciosa na qual se possa observar os detalhes da exposição dos argumentos. O que ocorre, em geral, é uma busca atenta pela conclusão e, em razão de certa ansiedade (uma condição puramente psicológica), tenta-se, por um efeito de memória, descobrir as premissas para verificar se "faz sentido" o que foi apresentado para convencer o ouvinte. O diálogo não toma a forma de uma análise lógica em todos os casos e ainda conta sempre com outros recursos para a argumentação, muitos dos quais não são usados como requisitos à compreensão lógica presente no discurso. Pode-se recorrer a sons emitidos pela boca, gestos com as mãos, sinais com a face e tantos outros recursos para a comunicação.

O ramo do conhecimento inaugurado de maneira mais formal por Aristóteles trata da demonstração (formalização da linguagem) das condições em que se apresentam as premissas verdadeiras e os argumentos válidos. Ele introduziu nas suas obras *Tópicos* e *Primeiros analíticos* os fundamentos para a compreensão da linguagem com o tipo de inferência que se procura analisar no discurso de interesse. A seguir, na Figura 1.1, é possível vislumbrar o conjunto do trabalho aristotélico. Como podemos notar, é grande a diversidade das áreas em que depositou seu conhecimento.

A unidade da filosofia aristotélica também é outro ponto importante, porque houve uma preocupação em reunir os diversos aspectos do pensamento grego para organizar muito do que fora feito por seus predecessores, incluindo-se não somente seu grande mestre Platão (428/427 a.C.-348/347 a.C.).

Figura 1.1 – Seleção das obras aristotélicas

Órganon (sobre a lógica)
- Categorias
- Sobre a interpretação
- Primeiros analíticos
- Segundos analíticos
- Tópicos
- Refutações sofísticas

Obras científicas (seleção)
- Física
- Sobre a alma
- Sobre as partes dos animais
- Sobre o céu

Metafísica
- Metafísica – Livros 1-14

Ética
- Ética a Nicômaco
- Ética a Eudemo
- Grande moral
- Política
- A constituição dos atenienses

Poética
- Retórica 1-8
- Poética

Fonte: Elaborado com base em Kunzmann; Burkard; Wiedmann, 2007, p. 46, tradução nossa.

A lógica ocupa, como podemos perceber, um espaço bastante amplo; na verdade, faziam parte dela muitas obras que envolviam seu campo de ação. É preciso observar que a lógica aristotélica compõe trabalhos capitais no corpo teórico que ficou conhecido como *Órganon*.

Não se pode apresentar a lógica apenas como uma linguagem matemática nem como uma filosofia, apesar de filósofos fazerem uso dela como recurso para orientar algum tipo de busca pela verdade ou evidência de um raciocínio mais acertado que o de outros. O que Aristóteles fez estava no âmbito do reconhecimento de que a linguagem do senso comum não fornece todo o rigor para a busca a que um investigador mais meticuloso se propõe. Assim, a lógica tem seu assento garantido quando se trata de identificar algum tipo de conhecimento mais seguro. Extirpam-se dúvidas quando avaliamos um discurso logicamente; isso o senso comum não costuma fazer, porque não interrompemos uma conversa sempre que supomos ter dúvida sobre algum ponto que "logicamente" não está claro para nós a fim de submetê-lo ao raciocínio lógico. As premissas de uma conversa do cotidiano, por exemplo, precisam ter continuidade, por isso não as colocamos rotineiramente sob avaliação e busca de "provas" da verdade do argumento.

No entanto, isso não quer dizer que não possamos usar a lógica como a ferramenta que Aristóteles pensou em aprimorar. Para ele, os raciocínios cada vez mais precisos seriam a base de uma filosofia adequada, uma ciência segura, um discurso com certezas demonstráveis. É possível compreender que os primeiros passos do pensamento lógico aconteceram quando se procurava por um princípio de generalização do discurso em acordo com argumentos válidos. Mas o que é um argumento válido? A seguir temos dois exemplos:

1. Eis um livro.
   Isto é vermelho.
   Logo, o livro é vermelho.

2. Aquele cachorro é pai.
   Aquele cachorro é dele.
   Logo, aquele cachorro é o pai.

O primeiro argumento é válido, mas o segundo é uma falácia, ou seja, as premissas podem ser verdadeiras, mas a conclusão é falsa. Vejamos isso com mais detalhes.

Quando dizemos que há um livro ali e também conseguimos designar o que é a cor vermelha (o caso da segunda premissa), podemos perfeitamente encontrar no mundo um objeto que seja azul e que satisfaça as condições para ser um livro. Portanto, é fácil estabelecer a correspondência entre o que é vermelho e aquele objeto que tem a capa vermelha, por exemplo, que chamamos de *livro*. Não é preciso entrar em outros detalhes tais como os expressos em: "Ah, mas o que é de fato a cor vermelha para mim pode não ser a mesma cor para outra pessoa!" ou "O que define o que é um livro? Pois ali poderia estar uma apostila vermelha, não um livro". Todas essas questões e outras podem ter alguma importância na análise que Aristóteles introduziu, mas o segundo argumento pode ser chamado de *sofisma*.

Aliás, os sofistas eram as pessoas que produziam uma argumentação que Aristóteles considerava como argumento ou raciocínio concebido com o objetivo de produzir a ilusão da verdade, mas que, embora simule um acordo com as regras da lógica, apresenta na realidade uma estrutura interna inconsistente, incorreta e deliberadamente enganosa. Eles ganhavam a vida exibindo tais argumentos publicamente.

No mapa a seguir, ilustrado na Figura 1.2, é possível observar a localização dos diversos pensadores gregos antigos e sua ligação com outros medievais.

Figura 1.2 – Distribuição geográfica das escolas no período da filosofia antiga

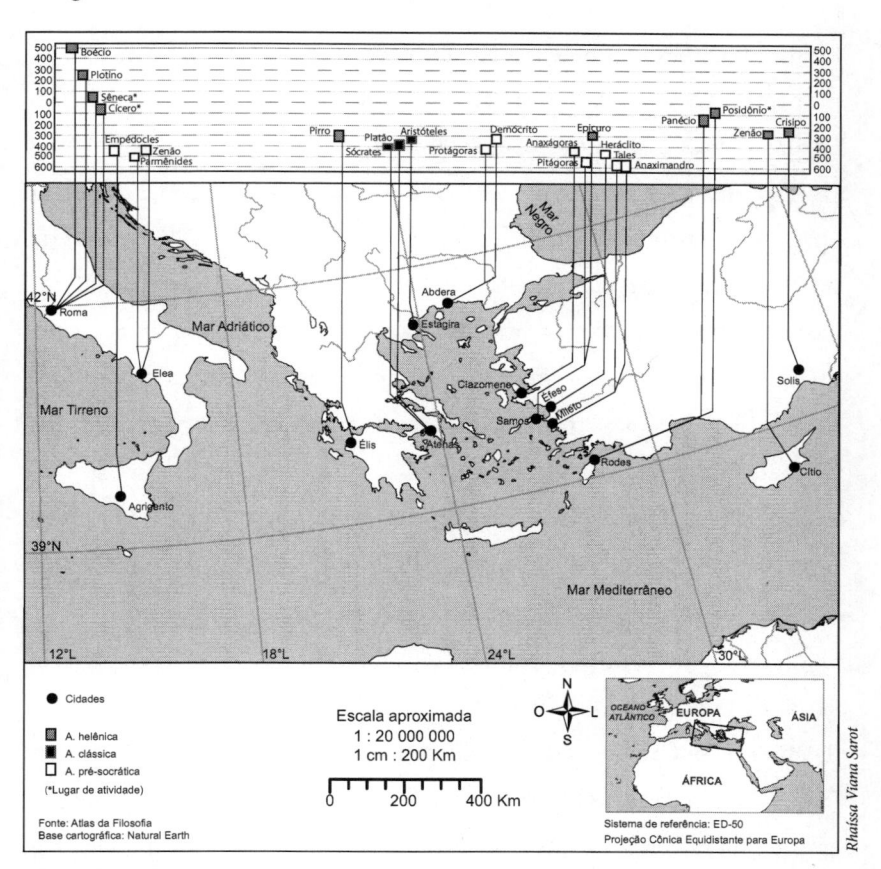

Fonte: Elaborado com base em Kunzmann; Burkard; Wiedmann, 2007, p. 28, tradução nossa.

A lógica grega não pode ser explicada de forma que a prática da demonstração silogística seja entendida como todo o seu conteúdo mais forte. Aristóteles fez do **silogismo** o principal estudo dele, mas também abordou o que se conhecia, à época, por **dialética**. Essa palavra foi a primeira a ser usada para o que atualmente se chama de **lógica**. Sabemos que o termo *lógica* surgiu nos comentários de Alexandre de Afrodísias, que viveu no século III d.C.; *dialética*, por sua vez, é o nome dado ao método de argumentação usado para o debate sobre metafísica, pois significa "discutir". Na obra de Platão, em seus *Diálogos* há vários exemplos de debates dialéticos, como também para ele era o exame de proposições que, no sentido de hipóteses, permitiam a obtenção de algum resultado. Esse debate levaria a escolher entre hipóteses aceitáveis ou não.

É sabido que Aristóteles atribuiu a Zenão a invenção da dialética, porém foi com os pitagóricos que ocorreu, possivelmente, a descoberta da noção de *redução ao absurdo* (um recurso muito usado na matemática). Esse recurso era bastante utilizado para os debates dialéticos. Sócrates, que conhecemos pela voz de Platão, praticava a dialética como uma técnica de debate para mostrar que alguns argumentos seriam absurdos ou inadmissíveis.

A palavra *dialética* teve de fato esse sentido de técnica de debate para se alcançar a redução ao absurdo; quando se obtinha o resultado absurdo, estava provada a inconsistência dos argumentos ali apresentados. Contudo, no período da filosofia clássica, a aplicação da técnica poderia variar de um filósofo para outro. Sócrates buscava conclusões derivadas das hipóteses que não fossem necessariamente falsas. Em *A República*, Platão usou o conceito de dialética como um método de argumentação em que há refutação e que pode resultar em algo satisfatório, mas, em outras obras, o conceito foi empregado como um método de divisão (uma forma de procurar definições) e classificação. Ele também forneceu outros significados para *dialética*, como em uma espécie de cooperação na investigação filosófica que envolve a busca por definir termos utilizados usualmente no debate filosófico. Descobriu alguns princípios básicos de argumentos válidos, mas não foi o que se pode chamar de um *lógico*, como o foi seu pupilo, Aristóteles. O que se deve louvar no trabalho de Platão para a lógica foi o interesse por questões que se tornaram importantes na epistemologia, muitas das quais passam pelos fundamentos do conhecimento em geral. Mediante a apresentação que o raciocínio lógico permite, Platão teve a exata percepção de três grandes questões:

1. O que pode ser verdadeiro ou falso?
2. O que é uma inferência válida?
3. O que é uma definição?

Evidentemente ele não fez dessas questões uma busca intelectual. O que podemos afirmar é que conduziu tal problemática nas obras *Teeteto* e *O sofista*. O problema do conhecimento está ali descrito de forma clara e é retomado em outras obras porque se trata de ampliar os horizontes do saber sempre com a correção que sua lógica de raciocínios pode fornecer.

Na Figura 1.3 é possível observar um esquema que mostra a estrutura de um diálogo famoso (*Críton*). O que os diálogos platônicos permitem vislumbrar é a noção de debate fartamente distribuída para se chegar ao resultado, uma conclusão lógica que seja digna de ser chamada de *verdade*.

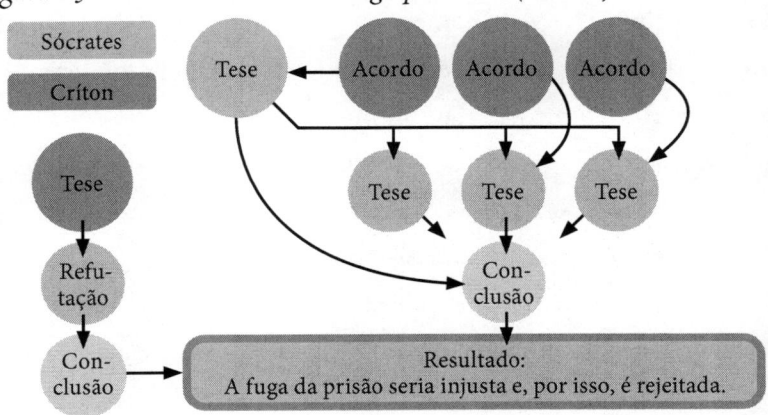

Figura 1.3 – Estrutura de um diálogo platônico (Críton)

Fonte: Elaborado com base em Kunzmann; Burkard; Wiedmann, 2007, p. 40, tradução nossa.

Podemos notar que *dialética* tomou outro significado para Aristóteles, tendo adquirido nuances diferentes em Platão. Para o filósofo estagirita, ela seria a ciência da argumentação de premissas que não são evidentes. O que se sabe é que Aristóteles foi o primeiro a oferecer algum tratamento formal para argumentos.

1.2
Lógica dos estoicos

A *lógica desenvolvida* pelos pensadores estoicos teve uma importância inestimável porque foram os primeiros a abordar esse conhecimento de forma proposicional. Eles defenderam uma doutrina mais bem definida que seus predecessores. Zenão (333 a.C.-263 a.C.), tido como fundador da escola estoica, dividiu a doutrina em três partes: física, ética e lógica. Sabe-se que Aristóteles também havia feito uma divisão semelhante, mas os estoicos a usaram no ensino como algo mais valorizado por eles de forma bastante clara.

A importância da lógica para eles pode ser conferida em uma metáfora que Diógenes Laércio citou: "Os estoicos assemelham a filosofia a um animal, comparam a lógica aos ossos e aos tendões, a ética à carne e a física à alma. Ou então comparam-na a um ovo: a lógica é a parte mais exterior, mais para o interior é a ética e a parte mais interior é a física" (Kneale; Kneale, 1991, p. 142).

Havia também alguma discordância sobre as subdivisões da lógica. Alguns dentre eles pensavam que a ciência lógica se dividia em retórica e dialética; outros adicionavam os tratados de definições a cânones e critérios. No entanto, podemos afirmar que o sentido da palavra *dialética* é o que mais se aproxima do que hoje chamamos de *lógica*, apesar de eles acrescentarem à primeira algum conteúdo de epistemologia, gramática e linguística.

Os estoicos faziam uma análise com o uso de inferências que tinham a estrutura mais próxima daquilo que atualmente denominamos de *proposições*. A filosofia estoica tem uma apresentação bastante completa, que pode ser examinada como a primeira escola a valorizar a lógica como um grande esforço que tem de ser feito em conjunto para buscar a verdade. Na Figura 1.4 é possível observar como os estoicos tinham um nível bastante elaborado naquilo que pode ser sintetizado como sua "filosofia da linguagem"; com o esquema, busca-se reproduzir parte do que supunham abordar acerca da realidade com essa filosofia.

Figura 1.4 – Filosofia estoica da linguagem

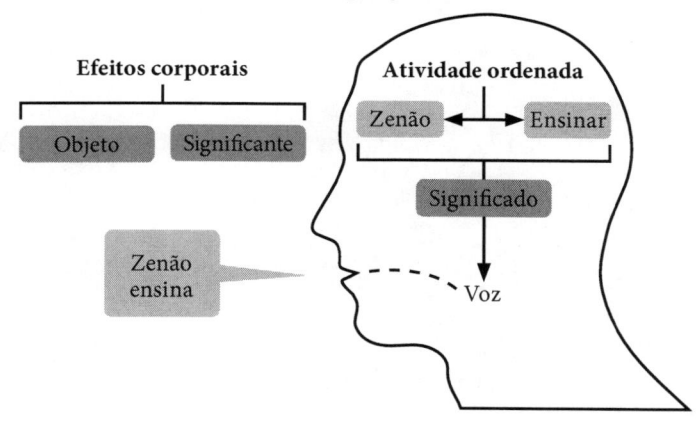

```
        Efeitos corporais              Atividade ordenada
       ┌──────────────┐              ┌──────────────┐
       │              │              │   Zenão ⇄ Ensinar │
       │  Objeto  Significante │              │
                                         Significado
                                              ↓
       Zenão
       ensina                                Voz
```

Fonte: Elaborado com base em Kunzmann; Burkard; Wiedmann, 2007, p. 54, tradução nossa.

Eles chamavam de *axiômata* os portadores de verdade. Sabe-se que a lógica estoica se divide em duas partes: a **teoria dos argumentos** e a **teoria dos *axiômata***. Os *axiômata* estão situados na classe daquilo que é possível ser dito, os dizíveis (*lektá*). Estes últimos são qualquer representação racional e significam o que dizemos ou pensamos. Portanto, alguns dizíveis são completos e outros não, pois é o que acontece com nossos pensamentos ou a expressão deles na forma de linguagem: em determinadas vezes conseguimos expressar algo da melhor forma possível, em outras não.

Para os estoicos, a capacidade de representar bem os pensamentos está presente na habilidade que uma pessoa tem de construir raciocínios de maneira mais adequada, por isso pode expressar melhor seu conteúdo mental. Assim, verdade ou falsidade são propriedades dos *axiômata*, mas têm certa dependência temporal, isto é, podem ser verdadeiros em certo momento, mas noutro não. Tomemos como exemplo a proposição "É dia", quando de fato a sentença tenha sido pronunciada durante o dia. Nesse caso, ela apresenta uma relação de verdade por correspondência, porque é verdadeira agora, mas à noite não o é. Para os estoicos, a teoria dos *axiômata* carregava o conteúdo de realidade com o portador lógico de verdadeiro ou falso. Em parte, isso se deve ao fato de se tratar de uma teoria que visava à sustentação de fenômenos submetidos à observação direta ou indireta.

A outra parte da teoria lógica dos estoicos diz respeito aos argumentos. Um argumento pode ser descrito como no exemplo a seguir:

P1 – Se é dia, está claro.
P2 – Ora, mas é dia.
C – Portanto, está claro.

A importância desse tipo de argumento estava no fato de poder ser submetido ao conceito de válido ou não válido. Os estoicos aceitavam que um argumento era válido se seu condicional fosse formado com uma conjunção de antecedente (premissas) e consequente (conclusão) corretos. De certa forma, o conceito de validade estoica é semelhante ao conceito moderno. Eles também avaliavam as propriedades dos argumentos segundo a verdade ou a falsidade. Um argumento era verdadeiro se fosse válido e apresentasse premissas verdadeiras; era falso se fosse inválido ou se tivesse uma premissa falsa. Na Figura 1.5 consta uma representação da teoria do conhecimento estoica.

Figura 1.5 – Teoria do conhecimento estoica

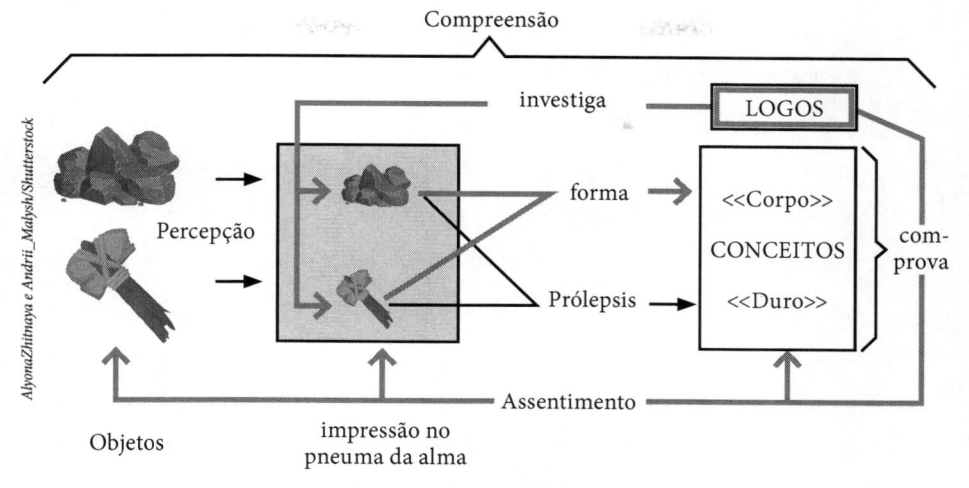

[Figura: diagrama da teoria do conhecimento estoica, mostrando Objetos → Percepção → impressão no pneuma da alma → investiga/forma/Prólepsis → LOGOS, CONCEITOS («Corpo», «Duro»), com Compreensão, Assentimento e comprova.]

Fonte: Elaborado com base eme Kunzmann; Burkard; Wiedmann, 2007, p. 54, tradução nossa.

O que podemos afirmar é que a lógica estoica foi uma das teorias mais avançadas para seu período em razão de contemplar a preocupação de mapear os diversos setores do conhecimento e a implicação deles com a realidade.

1.3
Lógica medieval

O primeiro tratado de lógica no período medieval foi a *Dialética* de Alcuíno (735-804), provavelmente composta para ser usada em cursos do *Trivium* (gramática, dialética e retórica). Nessa obra, o livro *Categorias*, de Aristóteles, recebeu atenção pequena, e a parte dos argumentos foi pouco explorada. Aliás, merece ser mencionado que até o século XII *Categorias* e *Sobre a interpretação* eram as únicas obras de Aristóteles disponíveis no Ocidente*, pois até o século X da Era Cristã a lógica

---

* Esse é um fato curioso e relevante que indica que boa parte do conhecimento até o século XII, no Ocidente, não caminhou com toda a força que a obra aristotélica veio a proporcionar posteriormente.

era uma curiosidade da literatura cristã de Roma. Ela foi aplicada por alguns professores somente depois da tradução de Boécio de *Categorias* e *Sobre a interpretação* e da *Isagoge*, de Porfírio.

A lógica era estudada com interesse na **gramática**. Foi na primeira metade do século XII que a filosofia medieval tomou forma, e manteve-se como tal até o período da Renascença. A maior influência para a educação do período foi a obra de Pedro Abelardo (1079-1142), *Sim e não*. Isso coincidiu com a fase em que as universidades surgiram e na qual se pretendia que os estudantes tivessem a habilidade dos debates e pudessem continuar o trabalho de seus mestres. Abelardo escreveu quatro obras de lógica que foram seminais para a inclusão da lógica nas universidades e a formação dos estudantes à época.

Sabe-se também que o *Órganon* de Aristóteles foi lido pelos europeus somente depois de 1250, seja pela tradução de Boécio, seja por outras que apareceram posteriormente. Algumas delas foram feitas na Espanha (traduções arábicas); outras provinham da Itália, realizadas pelos estudiosos da cultura bizantina. As partes do *Órganon* que entraram nas escolas pela primeira vez ficaram conhecidas por *Arte Nova*. A partir daí começaram a usá-lo em conjunto com a *Isagoge*, de Porfírio, nas universidades de Oxford, Paris e outras. Até então *Física* e *Metafísica* de Aristóteles não faziam parte ainda dos estudos universitários.

Nomes como Rogério Bacon (1214-1292), Raimundo Lúlio (1235-1315), Alberto Magno (1193-1280), Tomás de Aquino (1225-1274) e outros formaram o período que teve o primeiro contato com as obras de Aristóteles. Depois de Guilherme de Ockham (1295-1349), uma grande quantidade de lógicos no século XIV teve interesse pelos debates que a lógica aristotélica havia aberto como temas nas universidades.

1.4
Lógica moderna

É bastante importante entender que a divisão cronológica que fazemos serve para estudos didáticos, porém não está presente tão claramente quando se observa com atenção a história das ideias. De certa forma, não podemos afirmar que uma começa quando exatamente termina a outra, porque não é possível investigar os grandes temas da filosofia, e também da lógica, como algo facilmente definido no espaço e no tempo, mas como algo delineado na reunião dos debates realizados. Assim, aqui cabe uma digressão sobre alguns poucos nomes de grande importância em um período tão fértil como o moderno foi na filosofia e que ainda influencia os debates atuais.

Na realidade, a filosofia exercida pelos pensadores modernos pode ser vista como uma adequação de muito do que tinha sido feito pelos escolásticos do período medieval e, se bem observarmos, os filósofos modernos buscavam por alguma inovação. A transição não era, então, uma questão temporal; o aperfeiçoamento do pensamento constituía um indício de que alguma reforma sobre o conhecimento estava para acontecer mais significativamente.

René Descartes (1596-1650) foi o grande nome dessa mudança anunciada pelo início da valorização do que hoje consideramos como ciência. Antes dele, Francis Bacon (1561-1626) fora o maior expoente dessa busca incansável para apresentar ao mundo europeu e cristão uma nova ciência e uma nova maneira de pensar os problemas. A lógica fez parte dessa perspectiva inovadora que os europeus perseguiam. O que resultou naquilo que chamamos de **pensamento iluminista** é algo repleto de filósofos que tentaram alternativas ao pensamento escolástico. Alguns deles envidaram esforços, como foi o caso de Descartes, para ir além do uso que a doutrina escolástica fez da lógica como uma disciplina que se aplicava ao conhecimento da gramática e da exegese bíblica.

Podemos observar na Figura 1.6 uma distribuição dos nomes de alguns pensadores que, de forma direta ou indireta, contribuíram em parte com a lógica do período moderno.

Figura 1.6 – Visão periódica e geográfica de alguns autores do Iluminismo

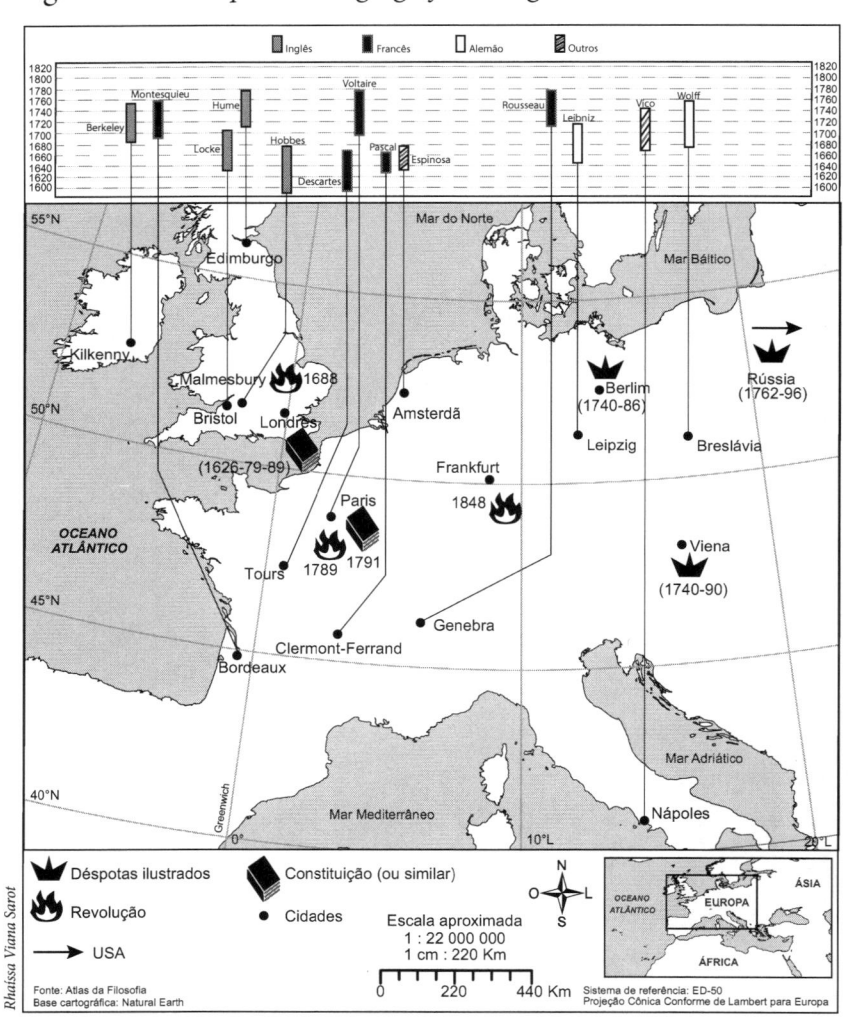

Fonte: Elaborado com base em Kunzmann; Burkard; Wiedmann, 2007, p. 102, tradução nossa.

O método de Descartes foi anunciado naquela que seria uma importante obra, entre tantas de seu itinerário intelectual: *Discurso sobre o método*. O que há de tão relevante nela é o julgamento de valores para o discernimento de uma boa conduta de raciocínios, os quais deveriam ser aplicados na investigação do conhecimento em geral. Descartes afirmou ter um novo método, que constituía uma "nova lógica".

O que ele queria dizer com isso? É preciso entender que no período moderno, bem como antes, a palavra *lógica* não tinha a acepção que tem hoje; portanto, não se tratava do cálculo de proposições ou mesmo do estudo dos silogismos aristotélicos que eram feitos nas escolas e universidades que seguiam o currículo escolástico.

Os preceitos da lógica cartesiana assinalavam um confronto com a teoria aristotélica da demonstração.

> *Descartes vinculava o caráter incontroverso de um raciocínio não a relações entre as formas das premissas e das conclusões – a composição das premissas e conclusões a partir da correta combinação de sujeitos e predicados –, mas ao impacto que as proposições exercem sobre um espírito que se aperfeiçoou o suficiente para alcançar níveis ideais de atenção e assentimento.* (Sorell, 2004, p. 60)

Na realidade, como é possível notar pela citação de Sorell, a controvérsia não estava exatamente na lógica aristotélica e seu conteúdo, mas no que ela possibilitaria produzir para o avanço do conhecimento, visto que seu uso pelos escolásticos tinha indicado a pouca utilidade nos assuntos relativos à filosofia natural, ou ciência.

Bem mais adiante de Descartes encontramos o nome de Gottfried Leibniz (1646-1716) como um pensador que contribuiu efetivamente para o aprimoramento do formalismo da lógica. Sabe-se que da metade do século XV até meados do século XIX muitos manuais de lógica foram produzidos, mas poucos com alguma relevância. Leibniz foi intelectualmente notável em relação aos seus contemporâneos. Ele mesmo elogiou a própria lógica ao afirmar que parecia uma joia que refletia a luz em diversas direções.

É importante lembrar que ele contribuiu para o cálculo integral ao mesmo tempo que Newton o fez, e isso lhe rendeu rivais em grande número nos campos científico e filosófico. Leibniz tentou renovar a lógica aristotélica porque não acreditava que todos os argumentos pudessem ser convertidos em silogismos. Também defendeu a existência de quatro figuras do silogismo, cada uma com seis modos. Ainda tinha a controversa opinião de que as proposições singulares podem ser classificadas como universais na teoria silogística. Entretanto, a ideia mais importante que tirou dos estudos da lógica aristotélica foi a noção de *demonstração formal*. Ele foi o primeiro a reconhecer que não haveria rigor sem formalidade, por isso insistiu nos trabalhos que poderiam proporcionar alguma inovação na matemática.

Leibniz trouxe a teoria do simbolismo em lógica, que, para ele, significava dizer que as expressões que temos deveriam refletir a estrutura do mundo. Sua crença era a de que uma linguagem criada cientificamente ajudaria os homens a pensar melhor. Defendia a criação de uma linguagem artificial e universal, o que o levou a se interessar pela elaboração de uma enciclopédia que reunisse de forma sistemática todo o conhecimento. Obviamente o projeto não foi bem-sucedido, mas ele plantou a semente que até hoje existe entre aqueles que acreditam nas máximas da ciência como a melhor expressão do pensamento humano.

É muito relevante mencionar, ainda, a importância de Immanuel Kant (1724-1804) para a lógica no período moderno. O filósofo entendia a lógica como teoria do pensamento, literalmente. O conceito de lógica como ele apresentou no *Manual dos cursos de lógica geral* é o que se segue:

> Tudo na Natureza, tanto no mundo inanimado quanto no vivo, ocorre segundo REGRAS, embora nem sempre conheçamos essas regras de imediato [...]. A Natureza toda, em geral, nada mais é propriamente do que um nexo de fenômenos segundo regras e em parte alguma ocorre AUSÊNCIA DE REGRA. Quando pensamos tê-la encontrado, só podemos dizer que as regras nesse caso nos são desconhecidas. (Kant, 2006, p. 25, grifo do original)

Em *Crítica da razão pura*, Kant buscou desenvolver aquilo em que seus predecessores fracassaram. Tinha como projeto uma lógica transcendental. O autor reuniu ali todos os aspectos trabalhados pelos filósofos, principalmente os lógicos antes dele, de tal modo que também tinha espaço a lógica formal, a qual ele chamou de *lógica pura*. O que se critica, no entanto, é a pouca atenção que deu ao tratamento da silogística, pois ele acreditava poder derivar a lógica transcendental da lógica formal.

Foi Kant que, com seu transcendentalismo, começou a misturar a metafísica e a epistemologia, posteriormente apresentada por Hegel como sendo a lógica. Merece também menção o fato de que Kant atribuiu perfeição à doutrina da lógica de Aristóteles, sem perceber que ela era não mais que uma mistura entre aristotelismo e estoicismo.

A Figura 1.7 ilustra como Kant supôs que suas descobertas sobre a razão pura levariam ao conhecimento verdadeiro.

Figura 1.7 – Fio condutor do descobrimento dos conceitos da razão pura

Formas dos juízos e das categorias

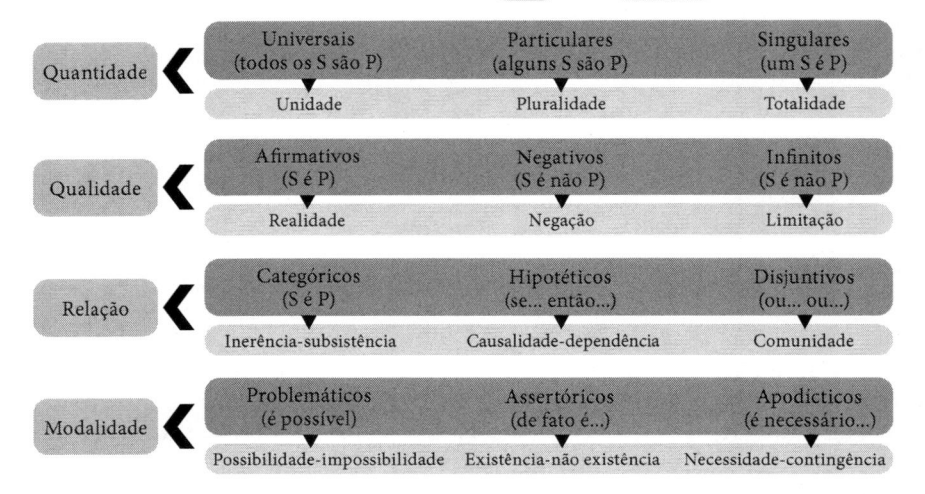

Quantidade	Universais (todos os S são P)	Particulares (alguns S são P)	Singulares (um S é P)
	Unidade	Pluralidade	Totalidade
Qualidade	Afirmativos (S é P)	Negativos (S é não P)	Infinitos (S é não P)
	Realidade	Negação	Limitação
Relação	Categóricos (S é P)	Hipotéticos (se... então...)	Disjuntivos (ou... ou...)
	Inerência-subsistência	Causalidade-dependência	Comunidade
Modalidade	Problemáticos (é possível)	Assertóricos (de fato é...)	Apodícticos (é necessário...)
	Possibilidade-impossibilidade	Existência-não existência	Necessidade-contingência

Fonte: Elaborado com base em Kunzmann; Burkard; Wiedmann, 2007, p. 138, tradução nossa.

Kant identificou as três faculdades do conhecimento – entendimento, juízo e razão –, que, por sua vez, correspondem a conceitos, juízos e conclusões. Desse modo, sua lógica se apresenta como na Figura 1.8, com duas divisões: analítica e dialética.

Figura 1.8 – Estrutura da Crítica da razão pura

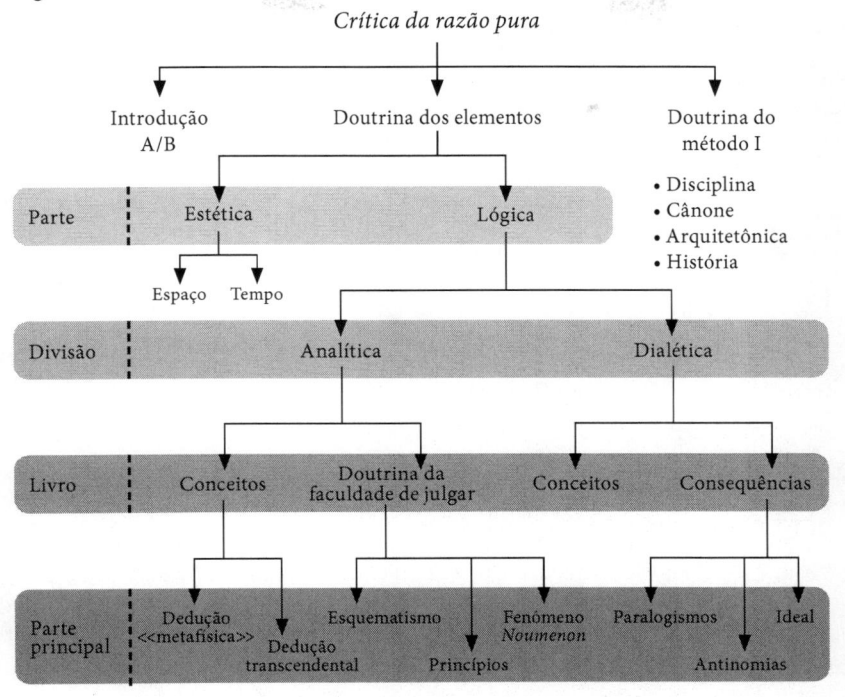

```
                          Crítica da razão pura
         ┌────────────────────────┼────────────────────────┐
         ▼                        ▼                        ▼
    Introdução            Doutrina dos elementos     Doutrina do
       A/B                                            método I
                                                   • Disciplina
  Parte    Estética              │    Lógica       • Cânone
                                                   • Arquitetônica
                                                   • História
         Espaço   Tempo
  Divisão                 Analítica           Dialética
  Livro        Conceitos   Doutrina da   Conceitos   Consequências
                          faculdade de julgar
  Parte     Dedução     Esquematismo   Fenômeno   Paralogismos   Ideal
  principal «metafísica»   Dedução      Noumenon
                        transcendental  Princípios             Antinomias
```

Fonte: Elaborado com base em Kunzmann; Burkard; Wiedmann, 2007, p. 136, tradução nossa.

Para concluirmos, devemos observar que Kant fez um percurso bastante complexo – é evidente a sistematização da teoria kantiana na Figura 1.8 – para estabelecer o conhecimento, mas, em relação à lógica, ele se manteve conservador. Segundo o autor, "Na lógica, não se trata de regras **contingentes**, mas **necessárias**, não de como pensamos, mas de como devemos pensar" (Kant, 2006, p. 31, grifo do original). O que interessa nesse caso é perceber que a lógica aristotélica é ainda a tônica do discurso kantiano, pois Kant enfatizou que as regras são importantes e estão presentes na natureza e também no conhecimento. A lógica seria a condução dos melhores raciocínios para buscarmos o aperfeiçoamento da interpretação do mundo natural e do conhecimento.

1.5
História da lógica no Brasil

A *lógica no* Brasil foi introduzida, tal como a filosofia, pelos estudiosos de confissão cristã. Devemos levar em conta esse fato, pois a educação brasileira teve início com os padres católicos. À medida que outras congregações religiosas, se assim podem ser chamadas, entraram no país, também inseriram cada uma sua visão de filosofia e partilharam conhecimentos da lógica dos raciocínios que envolviam debates, discursos, oratória, retórica etc. A referência inicialmente era a prática filosófica exercida nas escolas com a influência do reino de Portugal. O que se sabe é que a colônia teve a influência que era de se esperar em todas as áreas de formação cultural, religiosa e intelectual. Por isso, conforme Portugal passava por alguma modificação, o que acontecia aqui na colônia era o reflexo de ações tomadas pelos educadores portugueses (principalmente eclesiásticos) no século XVIII. Isso repercutiu na Europa e, por sua vez, modificou o quadro lusitano dos saberes.

O ensino em terras lusitanas começou a deixar os aspectos escolásticos tardiamente. O que ainda imperava era uma abordagem que buscou alguma inovação com as medidas do Marquês de Pombal, mas totalmente presente nas mãos dos religiosos, por isso a mudança não foi tão acentuada como se esperava.

Ainda no início do século XX, a prática dos estudos lógicos ficou limitada a alguns poucos autores, como John Stuart Mill (1806-1873), Herbert Spencer (1820-1903) e Alexander Bain (1818-1903). O primeiro livro escrito no Brasil com algumas referências à lógica matemática foi *As ideias fundamentais da matemática*, de Manuel Amoroso Costa (1885-1928), em 1929. Algum tempo depois, em 1940, surgiu o primeiro trabalho dedicado à disciplina, *Elementos de lógica matemática*, de Vicente Ferreira da Silva (1916-1963).

Mas foi com os trabalhos de Willard Quine (1908-2000)*, filósofo norte-americano que teve ampla carreira em lógica e epistemologia, que podemos dizer que foi inaugurada a lógica contemporânea no Brasil. A obra *O sentido da nova lógica* foi publicada em 1944, em português. Quine havia frequentado as conferências de Moritz Schlick em Viena, na década de 1930. Ao retornar aos Estados Unidos, ele deixou o livro pronto nas mãos do editor. Posteriormente, voltou ao Brasil e produziu uma série de conferências.

Também foi importante para o desenvolvimento da lógica no Brasil, no período do pós-Guerra, a presença do professor Gilles Gaston Granger (1920-) na Universidade de São Paulo, entre 1947 e 1953.

Podemos afirmar que na década de 1950 surgiram os primeiros professores que trabalharam com temas exclusivamente de lógica no Brasil. Esse grupo de estudiosos ficou conhecido sob o nome de *Escola de Curitiba*. Nessa cidade paranaense despontou a figura mais importante da lógica brasileira: o professor Newton Carneiro Affonso da Costa (1929-). Sob sua liderança, um grupo pequeno começou a realizar seminários a partir de 1957.

Stanislaw Jaskowski (1906-1965), lógico polonês, havia publicado apenas em sua língua pátria, em 1948 e 1949, os cálculos paraconsistentes que, de maneira independente, o professor Newton concebeu entre 1954 e 1958. Da Costa se preocupou em tratar as possibilidades de teorias inconsistentes, com suas ideias sobre lógica alternativa, que apresentavam certa capacidade para lidar com contradições.

Seguiu-se uma série de comunicações (notas) que culminaram com sua tese para a cátedra de Análise Matemática e Análise Superior da Universidade Federal do Paraná, sob o título *Sistemas formais inconsistentes*.

---

* Para mais informações, consultar Stein (2004).

Em 1963, o matemático brasileiro Artibano Micali levou os primeiros artigos do professor Newton da Costa para a França e, algum tempo depois, esse trabalho foi o primeiro estudo brasileiro de lógica a aparecer em publicação internacional.

Em 1964, foi proposto que a América Latina pudesse sediar simpósios de lógica sob o comando da Association for Symbolic Logic, ou seja, no formato de encontros europeus dessa associação. O primeiro foi realizado no Chile, em 1968, o que concretizou a lógica brasileira e latino-americana. Sabemos também que parte importante desse capítulo da lógica no Brasil se deve aos esforços do Centro de Lógica, Epistemologia e História da Ciência (CLE), que, após ter sido formado em 1976 e instalado oficialmente em 1977 na Unicamp (Campinas-SP), teve atuação importante na mediação de encontros internacionais. Graças a ele, renomados professores estiveram no Brasil para cursos e seminários. Também devemos destacar que foram editadas várias publicações em lógica com o incentivo do CLE.

Síntese

O que podemos avaliar em relação ao desenvolvimento da lógica no Brasil é que hoje ela se encontra num patamar de alta qualidade, mesmo se observados os parâmetros internacionais. Desde os trabalhos de Quine a lógica não cessou de crescer como uma grande área do conhecimento; filósofos, matemáticos e outros intelectuais investiram em produzir uma literatura de quantidade e qualidade. De fato, há uma relação forte entre a lógica e o desenvolvimento científico e, de forma mais ampla, do ambiente intelectual brasileiro. Como já mencionado, o nome do professor Newton da Costa é de enorme relevância para a história da lógica no âmbito mundial.

O que se procura atualmente é adequar uma produção que tenha lugar garantido em níveis importantes, como o da aplicação das teorias e – se assim pudermos chamar – da teoria pura desenvolvida academicamente.

Ainda, o que pode ser dito sobre a lógica desenvolvida no âmbito mundial é que se tornou mais que uma área de conhecimento para filósofos, matemáticos ou intelectuais em geral. Hoje a lógica clássica aristotélica ainda resiste, com aplicações, entre outras, para o entendimento da forma-padrão de funcionamento de algoritmos de programação. Nem sempre a lógica clássica é de utilidade, mas aí entram outras lógicas, as chamadas *não clássicas*, assunto para outra obra.

Atividades de autoavaliação

1. De acordo com o que foi abordado no capítulo, a lógica se tornou importante área do conhecimento e, de certa forma, tem estreita ligação com a filosofia e com a matemática. Isso se deve ao modo como pensamos sobre ela.

Identifique com V as afirmações verdadeiras e com F as falsas no que se refere à lógica:

( ) A busca do formalismo da lógica é semelhante ao que se observa na matemática. Por outro lado, apresenta a estrutura da argumentação, que é próxima da filosofia. Com a forma bem estabelecida, é possível investigar se a validade das proposições está presente.

( ) Nem sempre a verdade é estabelecida pelo formalismo que a lógica pretende. Podem ocorrer situações de puro formalismo, o que significa uma estrutura que nos parece racional, mas que não passaria de construções sem valor lógico.

( ) A lógica aristotélica é a precursora da forma e do conteúdo que surgiram no período grego clássico e continua a ser usada e investigada até hoje.

( ) Descartes foi um reformador da lógica aristotélica no sentido de avaliar que a teologia fazia uso dela de modo a não alcançar resultados.

( ) Foi desenvolvida no Brasil a lógica paraconsistente.

Assinale a resposta que apresenta a sequência correta:
a) F, V, F, F, V.
b) V, V, F, V, F.
c) V, V, V, V, V.
d) F, F, F, V, V.

2. Que filósofo criou o formalismo da lógica clássica?
a) Descartes.
b) Kant.
c) Aristóteles.
d) Platão.

3. Aristóteles sistematizou muitos aspectos importantes para a lógica até hoje. Ele organizou a estrutura da argumentação de modo a entendermos argumentos como uma junção de enunciados que devem aparecer em determinado formato. Assinale a alternativa correta:
   a) Para Aristóteles, as premissas são parte fundamental para obter a conclusão.
   b) Aristóteles aceitava que as premissas poderiam concluir por si mesmas qualquer argumento.
   c) A dedução a que se chega no argumento é uma indução.
   d) Para Aristóteles, há argumentos com premissas diversas e muitas conclusões possíveis.

4. Aristóteles tinha concepções filosóficas contrárias às de outros pensadores de sua época, a saber:
   a) estoicos.
   b) platonistas.
   c) sofistas.
   d) céticos.

5. A lógica moderna foi marcada pelo trabalho de Descartes como principal precursor de um dos tipos de pensamento listados a seguir. Assinale a alternativa correta:
   a) Contra os metafísicos.
   b) Contra a escolástica medieval.
   c) Contra a filosofia grega.
   d) A favor da lógica de Santo Agostinho.

Atividades de aprendizagem

Questões para reflexão

1. Pesquise algumas informações sobre a lógica de Platão e compare-a com a lógica aristotélica. O que há de diferente entre ambas?

2. A história da lógica tem forte relação com a construção da racionalidade ocidental. Em um texto, descreva os possíveis motivos para o pensamento grego ter mudado do mito para o logos e, em seguida, compare essa situação com a diversidade de investigações que a lógica proporciona atualmente.

   Dica: O resultado mais esperado é a variedade de logos, ou seja, muitas racionalidades podem ser obtidas.

Atividades aplicadas: prática

1. É possível apresentar a lógica aristotélica como uma representação do discurso cotidiano. Aristóteles deu os primeiros passos para que a sistematização da lógica fosse capaz de representar todo tipo de pensamento como um conhecimento organizado, filosófico ou não. Acrescente mais um comentário que seja uma possibilidade para a lógica no que diz respeito à racionalidade.

2. Se um discurso não for apresentado com as bases mínimas da lógica aristotélica (premissas e conclusão), pode se tornar irracional?

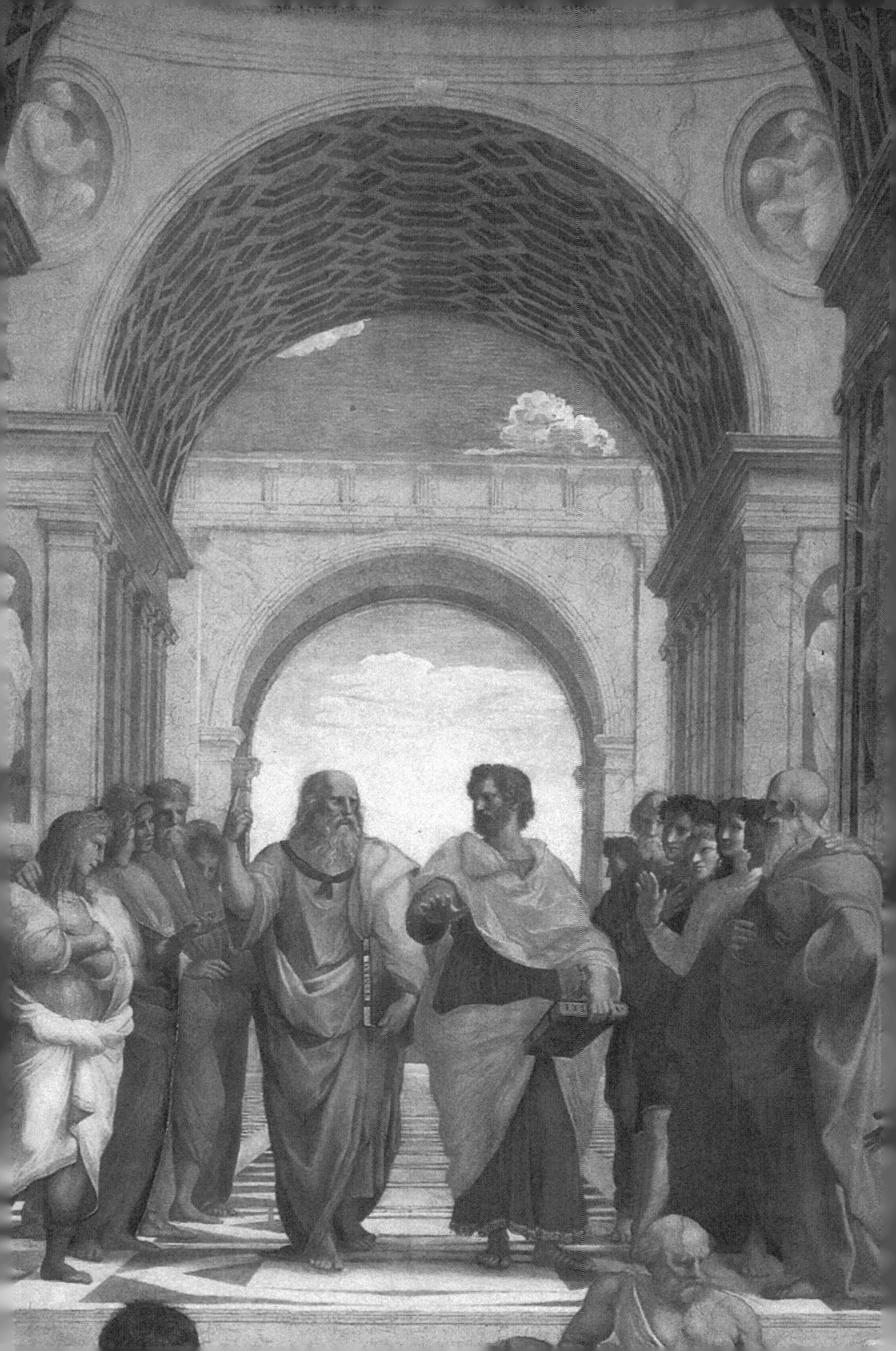

2

Ferramentas lógicas

O aprendizado de lógica implica a apropriação de uma quantidade de conteúdos formais, ou seja, trata-se de adquirir um vocabulário presente na linguagem de raciocínios formalizados que normalmente não está no uso cotidiano. O fato de, no senso comum, essa elaboração conceitual estar ausente faz com que seja preciso praticar essa espécie de gramática necessária ao exercício do raciocínio lógico. Para possibilitar o desempenho de tal tarefa, apresentamos este capítulo com a intenção de introduzir os primeiros conceitos da lógica, a qual deve ser vista como uma elaboração de regras bastante ímpar em sua constituição e em seu uso.

O objetivo é estimular a atividade de raciocínio como os lógicos imaginam que deve ser realizada inicialmente, a saber: produzir uma formalização dos argumentos com a linguagem de uso diário e, a partir daí, sofisticá-la tanto quanto for possível. *Sofisticação* aqui não significa "complicação", mas é necessário esclarecer que o nível de complexidade deve aumentar conforme for avançando a investigação das proposições ao longo da obra. *Sofisticar* implica acrescentar algum grau de dificuldade, geralmente. O leitor notará a aparente simplicidade que compõe os argumentos no início de nossos estudos, mas a partir deles começará a elaborar as questões mais amplas que possam surgir.

2.1
Sobre argumentos

É útil que sejam entendidos alguns termos importantes para abordar um texto ou qualquer tipo de discurso lógico. Assim, **premissa** e **conclusão** são amplamente empregados para realizar uma **inferência**, isto é, o raciocínio que se realiza em relação a alguns objetos com os quais geralmente fazemos alguma correlação. Porém, mais que uma correlação, a inferência que buscamos em lógica é aquela que utiliza premissas e uma conclusão.

A estrutura geral de uma inferência é um **argumento** o qual, basicamente, pode ser apresentado como no seguinte exemplo:

> Todo mamífero tem coração.
> Todos os cachorros são mamíferos.
>
> Logo, todos os cachorros têm coração.

A estrutura aparece, costumeiramente, como o "esqueleto" a seguir:

> Premissa 1 (P1)
> Premissa 2 (P2)
> ―――――――――――
> Conclusão

O que foi apresentado ilustra o processo para chegar a uma conclusão. O argumento é constituído pelas premissas e pela conclusão. Essa estrutura básica da inferência é a correta relação entre premissas e sua conclusão, ou seja, muito mais que uma correlação entre P1 e P2. O resultado, a conclusão, tem de indicar como as premissas se relacionam entre si e, por fim, elas apresentam uma relação com a conclusão. A procura, então, é por enunciados que sejam verdadeiros ou falsos, tal como Aristóteles também fazia.

As proposições podem ser verdadeiras ou falsas, pois somente elas podem ser afirmadas ou negadas, no sentido de que se diferenciam de perguntas. Por exemplo:

> Onde fica Londres?

Não se julga de alguma forma uma pergunta e, portanto, esta não faz parte do universo do discurso que precisa ser avaliado logicamente.

Uma ordem também não pode ser avaliada logicamente. Vejamos um exemplo:

> Feche a porta!

É apenas uma sentença num sentido que não implica avaliá-la como verdadeira ou falsa.

Além disso, uma sentença pode ser proferida para expressar algo que diz respeito a diferentes contextos. É perfeitamente claro o que é dito ali, mas não é preciso realizar uma inferência. Vamos considerar o seguinte exemplo:

> O atual presidente do Brasil é uma mulher.

Sabemos, no caso anterior, que se trata de uma sentença que diz respeito ao ano de 2014, mas poderá existir outra mulher presidente. Então, a sentença deve receber o cuidado de ser avaliada como verdadeira ou falsa conforme o contexto. Mas, mesmo assim, ela não oferece uma relação com premissas e uma conclusão. Portanto, o que se busca estudar em lógica são os conteúdos que se apresentam como argumentos. Eles têm de ter premissas e conclusão.

Essa apresentação típica é a de um **argumento silogístico**. O silogismo contém aquele tipo de proposição em forma de "premissas + conclusão" que Aristóteles tanto enfatizou como a maneira mais clara de se expressar para buscar a verdade. É importante perceber que um argumento não é uma simples coleção de proposições. Por exemplo:

> Todo acontecimento é precedido por outro.
> Todo acontecimento precedido por outro é causado por eventos.
>
> Logo, todo evento é precedido por outro.

Ainda, nenhuma proposição que seja tomada isoladamente pode ser concebida como premissa ou conclusão. A premissa é uma proposição presente quando, supostamente, existe um argumento ou raciocínio e, assim, haverá uma conclusão. Há também uma suposta ordem entre o que vem primeiro e o que se segue; em geral, a conclusão ocorre após as premissas. Essa regra pode ser flexível, mas, por agora, vamos nos ater apenas aos casos mais simples.

Outro aspecto de interesse é que a conclusão pode não ser enunciada nem no começo nem mesmo no fim do argumento. É o que acontece quando dizemos algo para que nosso interlocutor conclua por si próprio.

Se as premissas utilizadas forem corretas, então a outra pessoa, supomos, terá condições de concluir corretamente. Vejamos um exemplo:

> Todas as democracias são regimes políticos que representam o povo. Nenhuma monarquia é uma democracia.
>
> Logo, a monarquia não é um regime político do povo.

Enfim, para distinguirmos de modo mais claro os argumentos corretos dos incorretos, é preciso examinar como a estrutura argumentativa aparece e, de maneira geral, os indícios da presença de premissas e de uma conclusão. Esta não deve ser esperada como uma proposição que aparece sempre no fim do argumento, como já foi mencionado; ela pode surgir no começo, no meio ou no fim. Para fins didáticos, vamos usar a conclusão como o "resultado" de uma apresentação de premissas; portanto, ela fecha o argumento.

Algumas expressões costumam ser inseridas para indicar uma conclusão, como:
- *logo*;
- *portanto*;
- *segue-se que*;
- *pode-se inferir que*;
- *pode-se concluir que*;
- *daí decorre que*;
- *assim*;
- *consequentemente*;
- *em consequência*;
- *deve ter sido que*.

Essas expressões indicam que a frase que imediatamente as sucede é uma conclusão. As premissas, por sua vez, devem estar antes delas e também são indicadas, na maioria das vezes, por algumas expressões específicas, a saber:

- *porque*;
- *como*;
- *dado que*;
- *tanto mais que*;
- *pela razão de que*;
- *desde que*;
- *uma vez que*;
- *pois*.

Tais expressões são indicadoras de que as proposições se posicionam antes da conclusão, ou seja, são premissas.

A estrutura observada nos exemplos a seguir apresenta o caminho mais comum para se reconhecer um argumento na forma típica do silogismo pensado por Aristóteles.

> **Exemplo 1:**
> Todo animal é mortal.
> Todo homem é animal.
> ―――――――――――――――
> **Logo**, todo homem é mortal.
>
> **Exemplo 2:**
> Todos os retângulos são figuras vermelhas.
> Nenhum círculo é um retângulo.
> ―――――――――――――――
> **Portanto**, nenhum círculo é uma figura vermelha.

2.2
Para reconhecer argumentos

Todos os argumentos devem apresentar, conjuntamente, pelo menos uma premissa e uma conclusão. É possível identificar essa estrutura em qualquer forma de discurso, seja filosófico, seja no senso comum. Os meios de comunicação veiculam muitas dessas construções para induzir leitores, ouvintes ou telespectadores. Independentemente de ser uma propaganda, um documentário ou um filme, a argumentação é construída passo a passo com vistas a convencer aquele que tem acesso ao discurso apresentado. Mas, além da persuasão, busca-se em geral a prova de que tal argumento é, de fato, a inferência correta que se deve fazer sobre o tema em discussão. Há algumas construções em que parece haver um argumento na proposição, mas, se bem analisadas, percebe-se que ele não existe ali. Vamos exemplificar:

> Se chover amanhã, estarei pronto para viajar.

Podemos perceber que, nesse caso, existe apenas uma condição para a ação futura que nos leva a concluir a respeito de um acontecimento vindouro, mas não é possível dizer se irá ocorrer quando chover ou não. A viagem está subordinada ao fato de que "pode chover amanhã", mas não se permite uma investigação acerca de algum tipo de inferência que exija a verdade sobre a frase condicional. Trata-se apenas de uma construção linguística que é possível em língua portuguesa; ela possibilita que façamos algumas ligações com o discurso como um todo, pois é necessário dizer quando a ação ocorrerá ou não e se irá ocorrer ou não. Contudo, não se trata de um conteúdo argumentativo que possa ser avaliado pela perspectiva do silogismo aristotélico.

De outro modo, é possível construir um argumento semelhante ao ilustrado, porém com uma diferença:

> Porque poderá chover amanhã, estarei pronto para viajar.

Esse enunciado está com a estrutura argumentativa e não se trata de uma condição. Existe uma premissa, indicada pelo termo *porque*, e o que se segue, "a chuva amanhã", é a causa de "eu estar pronto para viajar".

O modo de apresentação dos argumentos também é importante, por enquanto. A forma aristotélica padrão, que usualmente chamamos de **silogismo categórico típico**, é, para fins didáticos, a mais fácil para se identificar a posição das premissas e da conclusão. O argumento-padrão deve apresentar duas premissas e uma conclusão, como visto anteriormente.

Mesmo que outras formas de argumentos válidos sejam apresentadas, diferentes de um silogismo categórico típico, elas não serão o padrão necessário para os estudos mais elementares da lógica aristotélica. Evidentemente, algum silogismo pode ter a forma considerada padrão, mas não ser válido. O que torna o silogismo uma forma tão especial de abordagem para os argumentos que preservam sua estrutura é a facilidade para se identificarem os passos que precisam ser verificados na busca pela validade.

2.3
Inferência

Como já mencionamos, a lógica é uma disciplina que busca averiguar a qualidade dos raciocínios presentes no discurso. Não se trata apenas do discurso filosófico; qualquer debate ou diálogo, no sentido de ter a pretensão de chegar a uma conclusão, pode ser aceito como uma apresentação argumentativa, existindo, em geral, o desejo de propor um raciocínio correto para obter a verdade sobre o objeto do discurso em questão. Podemos dizer que um argumento sempre busca a verdade, pois não teria sentido algum afirmar algo falso. O que se quer revelar não é a mentira nele, porque mesmo nesse caso se deseja dizer algo falso com o teor de verdade. Assim, um raciocínio sempre visa à verdade de algum modo.

Mas poderíamos perguntar: Não é possível mentir? Não se trata dessa questão, e sim de examinar aqui a estrutura do argumento. O bom raciocínio lógico busca uma estrutura argumentativa verdadeira e, portanto, para usarmos uma linguagem do senso comum, a inferência cujas premissas levam à conclusão procura declarar a vitória de um interlocutor sobre o outro. De certa forma, a questão retórica prevalece em muitos casos, ou seja, há um convencimento por meio de argumentos, mas nem sempre se chega ao objeto que é a verdade. E por quê? Por que a lógica permitiria esse ledo engano? Porque é possível "convencer" alguém com alguma mentira. O foco da lógica não é a verdade ou a mentira, a verdade ou a falsidade; o que está em jogo é apenas a estrutura válida ou inválida do argumento.

A inferência indica como o raciocínio é feito, e a apresentação dele tem de visar à validade. A verdade não é o objetivo principal; o objetivo da lógica é examinar os argumentos e as inferências, distinguir entre os logicamente certos e os que não o são. Após analisarmos a conclusão e as provas, que são as premissas que se relacionam de forma a confirmar o resultado do raciocínio, temos um argumento. O raciocínio realizado mediantes as proposições permite que uma inferência seja feita; logo, o resultado é uma avaliação que se faz mediada pelas provas presentes no argumento. Para inferirmos a conclusão com base nas premissas, raciocinamos. O objetivo da lógica é mostrar se está certo ou não o raciocínio acerca de tal argumento. A busca pelo acordo entre as provas que determinam a conclusão é o tema recorrente. A função da lógica é examinar uma relação objetiva entre a evidência, apresentada em forma de premissas, e a conclusão.

Como sabemos, as premissas são declarações, proposições que visam afirmar ou negar algo sobre algum fato. Tais proposições afirmam ou negam algo para se comprovar a conclusão em questão. Todavia, o raciocínio que exercemos é a inferência. A expectativa sobre esses raciocínios é a de que sejam válidos e, portanto, racionais. Quando inferimos, raciocinamos; *raciocinar* e *inferir* são sinônimos! O que se pretende com o ato de raciocinar é passar de evidências ou provas para uma conclusão que possa abonar a verdade ali concluída.

O argumento a seguir é um exemplo clássico que supõe o esquema dedutivo de análise:

> Todo homem é mortal.
> Sócrates é homem.
> ___
> Logo, Sócrates é mortal.

A **dedução** é o tipo de raciocínio que traz certa segurança aos lógicos e, por sua vez, é a maneira mais correta de inferir. Os raciocínios do tipo dedutivo são mais comuns em análises lógicas rigorosas, como o citado. Além do uso em matemática – que busca constantemente a dedução como fonte de justificação dos raciocínios feitos nas passagens de cálculos realizados para se chegar a um resultado tido como mais correto, verdadeiro etc. –, esse tipo de raciocínio também aparece em filosofia, pois o que se almeja na argumentação filosófica é o melhor argumento.

Assim, os filósofos aspiram em suas obras a uma estrutura textual que visa mostrar ao leitor como o tema que exploram deve ser investigado. Para isso, costumeiramente elaboram a temática de modo a ser entendida por certa pergunta e desenvolvem os textos na perspectiva de responder a ela. Isso é feito como se, do começo ao fim do texto, a questão debatida estivesse contida ali nos parágrafos, nas páginas de artigos ou mesmo em alguns volumes de livros que compõem as obras. Somente dessa forma as respostas às grandes questões podem ser contempladas pelo poder argumentativo que o conhecimento de tais obras pode proporcionar. Em resumo, qualquer texto que ambicione uma boa compreensão por parte do leitor deverá, necessariamente, ter uma boa estrutura que faça aquele que interage com o texto inferir de modo seguro do início ao fim da argumentação.

O que podemos discutir, então, é: Qual é o modo mais seguro de construir uma argumentação: dedução ou indução?

Sabemos que todo argumento é construído com a pretensão de que suas premissas ofereçam a verdade para a conclusão apresentada. O que podemos afirmar é que a dedução tem a característica de ser mais facilmente aceita como uma prova conclusiva. Por quê? Porque as premissas levam a concluir validamente. Por isso se diz que o raciocínio dedutivo é mais adequado para o tipo de robustez que a matemática busca. A geometria euclidiana, por exemplo, não enfrentou dificuldades para ser aceita pelos filósofos naturais no período moderno. Descartes, Espinosa, Hobbes e outros usaram o fato de que argumentos filosóficos podem ser validados com a lógica que apresentaram, segundo eles, dedutivamente. Thomas Hobbes, por exemplo, acreditava que a política tinha de ser construída com a precisão da geometria de Euclides, que tem uma característica extremamente dedutiva entre seus axiomas.

Em resumo, a dedução fornece a prova conclusiva em decorrência de suas premissas. Aliás, é importante ficar atento ao vocabulário: *válido* ou *inválido*. Usa-se essa terminologia no lugar de *correto* ou *incorreto*.

Por outro lado, temos os raciocínios indutivos como poderosa fonte de conhecimento, pois envolvem boa parte dos trabalhos científicos. De modo geral, a ciência desenvolve principalmente os experimentos em função da **indução** – o que não quer dizer que seja algo menos confiável –, pelo fato de inferências indutivas apresentarem um caráter mais particular de suas "provas". A indução oferece algumas provas, um estudo de caso, o que confirma o caráter experimental da ciência, mas não disponibiliza meios para que seja criada a noção de *crença verdadeira e justificada*, como se concebe de forma clássica na epistemologia.

Ao contrário da inferência dedutiva, a indutiva apresenta alta chance de que seja verdadeira, mas tem a possibilidade de assim ser se as premissas forem verdadeiras. Ela também não é uma "prova" no sentido forte que a dedutiva pode ser considerada. Além disso, é possível avaliar de modo diferente a forma lógica que as inferências apresentam.

> Todos os vegetais verdes são saudáveis.
> O espinafre é um vegetal verde.
> ___
> Logo, o espinafre é saudável.

Nessa inferência, se as premissas forem verdadeiras, a conclusão também deverá ser verdadeira. Portanto, pode ser classificada como um tipo de raciocínio dedutivo.

Vejamos outro caso:

> A maioria dos vegetais verdes é saudável.
> O espinafre é um vegetal verde.
> ___
> Logo, o espinafre é saudável.

Esse argumento terá grande chance* de ter uma conclusão verdadeira se as premissas o forem; portanto, pode ser classificado como indutivo. Além do mais, os argumentos indutivos apresentam uma limitação nas suas premissas, que é a quantidade de casos observados. Geralmente, são

---

* O termo *chance* (de um acontecimento ocorrer) foi empregado aqui em detrimento do uso do termo *probabilidade*. Isso porque esta requer uma discussão que leva ao conceito de lógica probabilística, que foge ao interesse da presente obra.

poucos objetos ou entidades observados, o que quer dizer que se trata de situações particulares. No último exemplo, é possível perceber que o caso é de indução porque a premissa "A maioria dos vegetais verdes é saudável" indica que foram analisados alguns casos, mas não todos. Então, aqui entra outro item que compõe as inferências indutivas: elas são do tipo que mantém alguma relação com a observação, ou seja, com a empiria.

Isso não significa que, se a premissa tiver algo de empírico, deverá ser considerada nada confiável. Apenas o nível de confiabilidade na verdade da premissa é que deve mudar, ou seja, não existe uma **prova**, como no caso dedutivo, mas uma **evidência** de que há uma premissa presente na estrutura do argumento e de que sua verdade se situa no campo da possibilidade. A prova do raciocínio dedutivo deve ser vista como uma conclusão irrevogável, em certo sentido; no caso indutivo, trata-se de um argumento que ainda pode submeter a conclusão a uma análise posterior, pois não se trata de um tipo de verdade robusta, forte.

Essa é uma análise que se deve fazer em relação às críticas que muitas pessoas exercem sobre a ciência, principalmente filósofos e outros pensadores. A queixa é a de que a ciência "não prova coisa alguma!". Não é bem assim. É preciso entender a pretensão do discurso científico e seu objeto de estudo. De forma resumida, podemos afirmar aqui que estudar os objetos que compõem os fenômenos da natureza não implica chegar a uma ou várias conclusões que se mostram estáticas, absolutas, do ponto de vista de entendimento do fenômeno. De modo geral, a ciência apresenta suas teorias e seus experimentos como uma rota para a compreensão dos fenômenos.

A dedução por raciocínios que parte de premissas verdadeiras e, passo a passo, leva a uma conclusão sem algum tipo de dúvida é o que poderíamos chamar de *discurso perfeito logicamente*. Porém, isso é quase impossível de ser efetuado quando se percebe que o fundamento de tal argumento pode ser usado apenas para alguns casos. Esse, aliás, é o motivo pelo qual encontramos em grandes filósofos do passado (entre os modernos, por exemplo) grande desejo de construir sistemas filosóficos. Tais pensadores buscavam uma forma de revelar a verdade em todas as áreas que o conhecimento humano havia construído. Procuravam uma verdade completa em suas obras e queriam alcançá-la na teoria do conhecimento, na moral, na política, na estética e em outras áreas.

São várias as situações em que a certeza não pode ser atingida como se espera; portanto, o que se almeja é que todas as inferências sejam cuidadosamente avaliadas. Isso se deve ao caráter formal que a lógica tem como pretensão. Ao nos depararmos com um argumento, não basta usarmos uma regra que faça uma análise sobre a validade ou não dele; a verdade é um valor epistemológico que se busca comumente, apesar de não ser o principal objeto de estudo da lógica.

Desse modo, a principal distinção que a inferência dedutiva oferece em relação à indutiva está no grau de certeza. A primeira pode ser considerada uma prova porque sua conclusão atinge o ápice da racionalidade, ou seja, seria do tipo indubitável; a segunda, entretanto, carece de algo que possa fazê-la permanecer no estatuto de prova, por isso fica no campo da evidência.

Também é importante reconhecer que as inferências indutivas apontam para conclusões que excedem as possibilidades das premissas, ou seja, o conteúdo das premissas não oferece a legitimidade para se deduzir o resultado que se espera, como no caso das inferências dedutivas.

Há muitas formas de associar a análise da inferência indutiva com outros conceitos que podem ser usados para se obter conhecimento no campo da probabilidade, ou chances maiores de estar ali um tipo de conhecimento com algum nível de confiabilidade. Francis Bacon foi o primeiro a valorizar a inferência indutiva de modo a tomá-la como uma forma de raciocínio que inegavelmente produz conhecimento. A Figura 2.1 ilustra como a indução está relacionada com a experiência e como produz a generalização. De certa forma, a inferência indutiva é mais flexível que a dedutiva, se observada a pretensão do resultado, pois seu tipo de conclusão indica o "melhor" a ser aceito, segundo aquelas premissas.

Figura 2.1 – Francis Bacon: indução

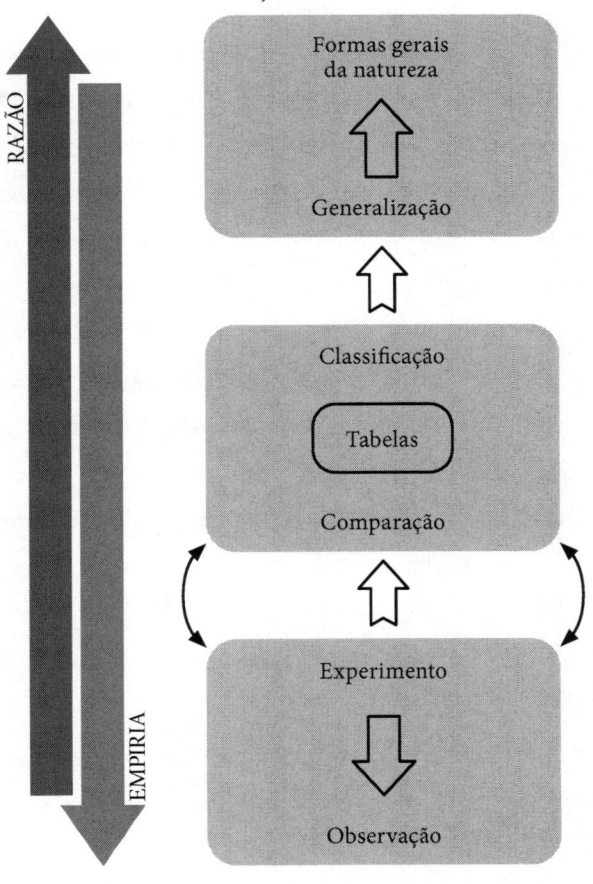

```
        RAZÃO ↑          Formas gerais
                         da natureza
                              ⇧
                         Generalização
                              ⇧
                         Classificação
                           ┌────────┐
                           │ Tabelas │
                           └────────┘
                          Comparação
                         ↔    ⇧    ↔
                         Experimento
        EMPIRIA ↓             ⇩
                         Observação
```

Fonte: Elaborado com base em Kunzmann; Burkard; Wiedmann, 2007, p. 94, tradução nossa.

As outras formas de inferência que merecem ser citadas são usadas para raciocínios diversos. São elas:

a) **Inferência por enumeração**: ocorre com base na observação, por isso a conclusão sobre todos os elementos de uma classe é inferida das premissas.

b) **Inferência analógica**: consiste em uma comparação entre dois objetos ou fenômenos que compartilham características comuns. Podemos comparar aquelas características relevantes entre ambos e concluir que, por analogia, o resultado é digno de determinada confiança. É possível fazer a inferência analógica entre indivíduos, quando, por exemplo, analisamos as semelhanças entre as pessoas da família e percebemos que aquela pequena criança tem mesmo os traços de outros parentes; podemos analisar uma posição de um jogo de xadrez e concluir que tal disposição das peças é semelhante à de outra partida jogada por outrem; um caso de doença pode guardar semelhança com outro, e a conclusão de que se trata de um caso quase igual permite que, por comparação, um médico use medicamentos semelhantes no tratamento etc.

c) **Inferência estatística**: busca-se a generalização por meio de padrões apresentados por certa quantidade de dados geralmente oferecidos em gráficos e tabelas. Esse método é bastante usual hoje para formar opinião quando se trata de resolver problemas que precisam de uma solução e a maioria deve votar ou optar pelo convencimento que os dados estatísticos produzem. Não é um tipo de raciocínio comum aos textos de filosofia, mas é muito divulgado pelos meios de comunicação, porque passam a imagem de que a quantidade pode levar os indivíduos a se decidirem pelos aspectos mostrados estatisticamente. De certo modo, trata-se de um tipo de correlação e não há uma conclusão absoluta; o que os dados estatísticos podem mostrar depende de uma interpretação, portanto podem ser avaliados de diversas formas*. Nesse caso, a regularidade constitui uma variável muito importante para atacar o problema e interpretá-lo estatisticamente.

d) **Inferência causal**: fundamenta-se no conhecimento de causas e efeitos e pode ser encontrada em diversas áreas, pois o conhecimento causal é uma forma de buscar conhecimento e confirmá-lo desde os primórdios da filosofia. A ciência a usa sempre que se pergunta como determinado fenômeno pode acontecer. Para David Hume, filósofo escocês do século XVIII, a inferência causal é a base do conhecimento humano. Uma doença, por exemplo, pode ser curada quando se investiga que seus efeitos podem ser observados e se tenta atuar sobre eles com medicamentos específicos. Assim, nesse caso, o medicamento pode ser a causa da cura de determinada doença.

Para finalizarmos, devemos ressaltar que as inferências indutivas são de grande importância para o avanço do conhecimento. Reconhecê-las como poderosas ferramentas para a investigação é uma justa medida quando se pretende avançar em direção às formas diferentes de conhecer objetos da natureza ou mesmo a natureza humana.

---

* Merece atenção, como exercício de curiosidade, a investigação sobre os portfólios apresentados para compra e venda de ações nas bolsas de valores. Os dados são interpretados de diversas formas, principalmente por gráficos, e podem levar os investidores a ganhos e perdas.

2.4
Falácias

É importante conhecer a interação que a lógica estabelece com a **linguagem**. A primeira não é uma disciplina envolvida apenas em raciocínios puramente formais, e a segunda apresenta todos os componentes do discurso de que necessitamos para sermos bem compreendidos, ainda que nem sempre sejam usados adequadamente. A construção da linguagem cotidiana mostra-nos vários exemplos, se os investigarmos sob a ótica lógica, de como não usar um argumento que pode conter erros em sua estrutura e em seu conteúdo. A informação em um argumento falacioso pode parecer adequada, mas, de certo modo, é enganosa. O que acontece é que alguns erros, nas premissas ou na interação delas com a conclusão, interferem na irrefutabilidade dos argumentos, a qual se espera de um bom discurso racional.

Sabemos que as inferências são usadas para obter evidências que levem a uma conclusão. Porém, no caso das falácias, a relação entre as premissas e a conclusão geralmente tem certo grau de falha que compromete a avaliação da validade do argumento. Para um argumento ser falacioso, basta, simplesmente, ter premissas que não digam verdade alguma sobre qualquer objeto ou fenômeno do mundo, razão pela qual não será possível conferir sua verdade, mesmo que seja encontrada a forma válida de suas premissas e conclusão verdadeiras.

Um bom exemplo de falácia ocorre quando nos deparamos com um acontecimento e – porque ele foi seguido de outro – dizemos que ocorreu uma relação de causa e efeito. Então, acreditamos que um evento (A) foi seguido de outro fato (B). Supomos, nesse caso, a inferência causal como o raciocínio adequado para justificar a relação causal. No entanto, erramos em atribuir um efeito causal para uma situação que, evidentemente, não pode receber esse estatuto. O que ilustramos a seguir é um exemplo de falácia formal causal, pois o erro está na estrutura a ser pensada.

> Quando sinto que estou gripado, tomo café com mel para dissipar os efeitos da gripe. Sinto-me totalmente recuperado em seguida.

Nesse caso, a gripe pode ter desaparecido por outros motivos, e não porque "tomei café com mel". A relação de causa e efeito foi estabelecida com pouca propriedade, ou seja, um tratamento de relação causal para o que pode não ter sido o fato. Mas poderíamos perguntar: De fato, isso aconteceu, ou seja, a pessoa bebeu café com mel e os sintomas da gripe se foram?

O ponto a ser entendido é que não é permitido avaliar todos os casos para dizer que houve uma relação causal. Outras pessoas podem tomar substâncias diferentes para resolver problemas de resfriados e gripes. Um caso de ocorrência não é suficiente para assumir que aconteceu um fenômeno de forma causal.* Portanto, ao atribuir a relação entre o antecedente e o consequente nesse caso, é preciso tomar cuidado para não aplicar o que não é devido. Na situação mencionada, a correlação deve ser de outro tipo, mas não de forma causal. Então, podemos afirmar que essa falácia é **formal**, do tipo causal.

Outras formas de falácias são mais conhecidas como **informais** (ou **não formais**) porque incorrem em erros de raciocínio, de forma ou de estrutura. O caso das falácias informais é que as premissas apresentam

---

*   Há exceções, é claro; contudo, elas precisam ser confirmadas por um aparato cognitivo desenvolvido anteriormente por um grande número de observações. Também é importante apresentar experimentos controlados para verificar se a relação é causal ou não. Esse é o principal motivo pelo qual cientistas utilizam experimentos repetidos e não aceitam que o fenômeno investigado seja um mero acaso da natureza.

certa ou total irrelevância para a conclusão das situações em análise; geralmente introduzem aspectos psicológicos, emotivos e outros que indicam que existe ali um apelo ao convencimento, mas não um argumento válido. Descrevemos, a seguir, alguns tipos de falácias informais:

a) **Falácia de apelo à força (*argumentum ad baculum*)**: esse tipo de falácia ocorre quando se esgotaram os argumentos racionais e se pretende persuadir o outro por uma maneira de convencimento que pode não ser a força física, mas a caracterização de outras formas de agressão, como verbal e gestual, a fim de provocar a aceitação da conclusão. Existe, nesse caso, um aspecto de desejo por exercer a autoridade de modo implícito. Em geral, constitui-se em algum tipo de intimidação: "a política de mão de ferro", por exemplo, repercute como uma investidura de força e nenhuma negociação, porque é suposto que não há mais o que negociar e a ação de imposição acontecerá com certeza. Trata-se, então, de uma força de persuasão argumentativa que não se baseia em um raciocínio desenvolvido de modo que se possa chegar à conclusão pela análise das premissas. Vejamos outros exemplos:

> A menos que você esteja com a farda limpa e passada, terá de cumprir as atividades de limpeza nos banheiros.
>
> Espero que você tire notas boas nas próximas provas, pois não imagina o que pode lhe acontecer no futuro.
>
> Na presença do delegado, você terá motivos para se lembrar dos atos de que se esqueceu.

b) **Falácia contra a pessoa (*argumentum ad hominem*)**: a verdade de uma proposição e o poder inferencial produzidos no argumento devem apresentar objetividade. O que as falácias fazem geralmente é destituir o nível de racionalidade que o argumento valido contém. O que um julgamento de valor pode fazer, por exemplo, mostra como é possível atacar uma pessoa e não seus argumentos. Vamos aos exemplos:

> Ele não é confiável em suas informações sobre a situação do banco, pois frequenta cursos místicos.
>
> Jamais se aceitará o governo de uma pessoa que errou de forma criminosa, pois quem cometeu um crime poderá cometer outro a qualquer momento.
>
> Helismar é um jovem estudante. Os estudantes são movidos por interesses da juventude e, portanto, não são dignos de confiança.

c) **Falácia de apelo à emoção (*argumentum ad passiones*):** esse tipo de falácia se baseia na abordagem comumente aceita, principalmente pelo senso comum, quando se busca uma argumentação que conclua em sentimentos de piedade, amor ao próximo etc. O apelo à emoção é comum também em propagandas publicitárias que fazem o desejo de consumo surgir, mesmo que o poder de compra não esteja ao alcance daquele que se enamora pelo produto anunciado. Vejamos alguns exemplos:

> Você deve reatar sua amizade com ele, pois, apesar do que aconteceu, você pode mostrar que é uma pessoa melhor.
>
> Entenda que sua missão na vida é fazer os outros felizes, por isso esteja pronto a repensar seus atos.
>
> Faça aos outros aquilo que você gostaria que lhe fizessem, pois todos somos parte de uma grande nação.

d) **Falácia de apelo à ignorância (*argumentum ad ignorantiam*)**: esse tipo de falácia ocorre em ocasiões em que se alega a ausência de conhecimento sobre a questão em discussão. Pode-se obter um resultado absurdo nessa iniciativa simplesmente porque há o pressuposto de que não existe uma demonstração acertada para justificar algum tipo de resposta afirmativa ou negativa. Também se costuma pensar que, se uma afirmação não for comprovada como verdadeira, ela deve ser considerada falsa*. Vamos aos exemplos:

> Seres extraterrestres existem porque ninguém provou que não existem.
>
> Não há vida em outros planetas porque não houve qualquer contato de outra civilização inteligente conosco.
>
> Deus não existe porque não há uma prova experimental para comprovar sua existência.

---

* É importante entender aqui que os argumentos tentam apresentar algum conteúdo de verdade no sentido de estabelecer alguma prova. Muitas vezes, essa exigência de alcançar uma prova pode ser mais sutil e, então, opta-se por aceitar a evidência por um critério puramente epistemológico, o que facilita a conclusão como mais adequada, porque a verdade no sentido de evidência tem uma possibilidade intrínseca de fornecer um modelo explicativo no enunciado. Assim, se uma investigação policial fizer determinada acusação, mas não forem oferecidos os indícios (evidências) de culpa do acusado, deve-se considerá-lo inocente de forma bem justificada, porque a prova não chegou a ser indicada pelas vias que as evidências apontaram. Logo, a justificação (prova) pode ser impossível para a acusação, e de forma negativa se conclui que o indivíduo não é culpado. Este seria um caso bem geral para exemplificar as diferenças entre evidência e prova quanto ao nível de exigências.

e) **Falácia da conclusão irrelevante (*ignoratio elenchi*):** é a falácia que ocorre quando a conclusão vem de premissas que parecem justificá-la, mas são usadas para fundamentar uma conclusão não adequada ao argumento. Isso é muito comum entre os meios de propaganda para fomentar o consumo, porque o consumidor fica tentado a adquirir algo sem a real necessidade daquele produto na sua vida. O exemplo a seguir ilustra esse tipo de falácia:

> Uma liquidação em uma agência de viagem pode vender a você duas passagens de ida e volta para os Estados Unidos. Você resolveu comprá-las, apesar de não entender a língua inglesa.

O leitor pode notar que o estudo das falácias oferece uma boa perspectiva do modo como o discurso usado no cotidiano se constrói. Tal discurso é empregado rotineiramente pelas pessoas no senso comum, caracterizando-se como uma forma apressada e descuidada de argumentação. As falácias constituem o tipo de argumento que se utiliza de elementos subjetivos, ou seja, em que não há quase nenhuma explicitação das correlações entre os fatos a serem discutidos, e certamente são, em muitos casos, uma tentativa de distorção dos acontecimentos, avaliados por uma perspectiva unilateral de pensamento. Existe, portanto, mais interesse em persuadir que em obter a correção dos raciocínios. Assim, as falácias são a ferramenta básica para a formação do convencimento, atitude muito pouco louvável quando se trata de construir um argumento livre de confusões ou parcialidades. Podemos concluir, então, que as falácias fogem ao objetivo dos argumentos lógicos: a busca por raciocínios corretos. Apesar disso, são amplamente usadas porque, em muitas situações, é de difícil percepção a ocorrência delas nos debates.

Síntese

A *forma dedutiva* de argumentação é claramente representada pelo silogismo categórico. Na lógica de Aristóteles, isso assume o modo de representação do conteúdo silogístico, uma ferramenta para encontrarmos facilmente os padrões apresentados pelas premissas – geralmente mais de uma – e pela conclusão. Tal formato traz a riqueza de detalhes presente em qualquer debate, porque não é possível fugir da forma apresentada.

Observamos que a estrutura dos argumentos é de vital importância na linguagem, pois contém detalhes a serem explorados em algumas situações de uso diário. Contudo, na visão mais erudita que possa ser apresentada, a argumentação precisa, exigente, correta tem de satisfazer o discurso de forma rigorosa. Assim, a lógica precisa ser compreendida como uma área do conhecimento que propõe uma estrutura de argumentação que nos possibilita raciocinar com a maior exatidão que pudermos. Os indícios de premissas e conclusões, como foram mostrados, oferecem um recurso para o rápido reconhecimento dos argumentos mais simples, os silogismos aristotélicos. Reconhecer um argumento é um passo vital para estruturar um bom raciocínio.

Aliás, raciocinar bem pode ser a atitude mais adequada a ser cultivada por aqueles que querem o melhor resultado no processo argumentativo. Nesse sentido, a inferência dedutiva não representa todas as formas de raciocínio, porque em muitos casos ela é difícil de aplicar. Outras modalidades de inferência foram apresentadas no texto e contribuíram para ampliar a visão das ferramentas que a razão proporciona aos diferentes tipos de investigação auxiliados pela lógica. Vimos, entre outras, a inferência causal, que é de vital importância para as pesquisas científicas. Ela reflete em grande parte o modelo de raciocínio que os cientistas aprovam.

Também é importante ressaltarmos que os exemplos de falácias apresentados ilustram uma pequena parcela do conhecimento produzido acerca de alguns enganos no uso da linguagem cotidiana. Tais deslizes ocorrem pelo fato de não estarmos habituados a construir o pensamento formalmente, como já foi observado. É notável a questão psicológica, emocional que nos conduz ao uso das falácias, porque queremos convencer nosso interlocutor muito mais que apresentar o argumento corretamente. O sentido usado em cada uma delas tem mais relação com o contexto do que com o rigor dedutivo. As falácias são erros no modo de pensar, não devemos nos esquecer disso, pois elas não estão de acordo com as regras inferenciais que seguimos para o bom raciocínio. Infelizmente, o uso apressado e descuidado que fazemos da linguagem no cotidiano não nos permite verificar os enganos dos argumentos falaciosos, mas precisamos ficar atentos e checar sempre que possível a estrutura argumentativa para avaliarmos até que ponto o argumento está bom ou foi usado com força demasiadamente falaciosa.

Atividades de autoavaliação

1. Determine se há premissas e uma conclusão no enunciado a seguir:

   Entre todas as empresas, a nossa é a que está mais endividada. Além disso, não recebemos processos de funcionários. O valor da empresa subiu muito no último ano.

   a) Sim, pois há um argumento dedutivo.
   b) Não, pois trata-se de uma inferência estatística.
   c) Trata-se de uma inferência sobre futuros contingentes.
   d) Não há um argumento dedutivo na forma silogística.

2. Considere o seguinte diálogo:

Rapaz: Que música ruim! Isso não passa de barulho.
Moça: Sim, pode não ser ruim, mas nem toda música precisa ser boa.
Rapaz: Por que falou assim?
Moça: Porque nem toda música é boa.
Rapaz: É claro que nem tudo o que os artistas fazem é maravilhoso, mas disso não se segue coisa alguma.
Moça: Sim, segue-se algo importante! Sabemos que tudo o que os músicos fazem é música, então nem toda a música tem de ser boa.

Com base no diálogo, identifique se as afirmativas a seguir são verdadeiras (V) ou falsas (F):

( ) O diálogo não apresenta um argumento porque há duas pessoas expondo suas opiniões.

( ) O argumento está presente apenas na apresentação discursiva da moça.

( ) O diálogo revela um argumento na sua forma silogística canônica.

( ) O argumento do rapaz é o único completo.

( ) O argumento não pode ser identificado porque não há premissa nem conclusão.

Assinale a alternativa que apresenta a sequência correta:
a) F, F, V, F, F.
b) V, F, F, F, V.
c) V, V, F, V, F.
d) F, V, V, F, V.

3. As inferências são raciocínios. O tipo que mais contribui para o caráter de prova inferencial completa é aquele presente no argumento dedutivo. As inferências dedutivas podem ser aceitas como raciocínios confiáveis. Por quê?
   a) A inferência dedutiva apresenta a conclusão como resultado verdadeiro, seguindo-se às premissas.
   b) A inferência dedutiva não apresenta qualquer poder de resultado satisfatório.
   c) A inferência dedutiva conduz ao resultado mais adequado para se chamar de *prova*.
   d) A inferência dedutiva induz a bons argumentos.

4. O processo de enumeração de experiências, por exemplo, refere-se especificamente à inferência:
   a) por enumeração.
   b) por dedução.
   c) causal.
   d) probabilística.

5. Uma falácia comum do discurso para benefício dos mais carentes socialmente pode ser ilustrada pela seguinte frase: "As pessoas mais necessitadas sofrem muito, elas merecem nossa atenção especial porque são mais frágeis". Obviamente, esse tipo de discurso não considera que outras pessoas também merecem atenção especial, pois se trata de cuidados de que todos podem precisar em algum momento, não somente os mais carentes socialmente. O caso se constitui em uma falácia:
   a) de apelo à força.
   b) de apelo à ignorância.
   c) da conclusão irrelevante.
   d) de apelo à emoção.

Atividades de aprendizagem

Questões para reflexão

1. Identificar as premissas e as conclusões é um passo importante no reconhecimento do funcionamento do argumento. Como se identificam esses elementos nas afirmações a seguir?

   A água tem seu ponto de ebulição a 100 graus Celsius, no nível do mar. Ela é um líquido que se evapora a partir dessa temperatura. Assim, a água é vapor quando aquecida a 100 graus Celsius.

2. "Fantasmas existem porque ninguém comprovou que eles não existem", diria uma pessoa que quer acreditar em alguma substância espiritual. Apresente outros exemplos que configuram uma falácia de apelo à ignorância. No caso mencionado, teríamos de aceitar que fantasmas existem porque não há qualquer comprovação da existência deles. Conclusões desse tipo fazem o vulgo pensar que, se não há um fato comprovado, então é possível argumentar a favor de alguma "teoria conspiratória".

Atividades aplicadas: prática

1. Escreva um texto para apresentar um produto que seria vendido por você. Como poderia argumentar na defesa do produto sem fazê-lo de forma falaciosa?

2. As falácias têm como engano a rápida generalização. Assim também ocorre em piadas que, de certo modo, generalizam pessoas, grupos étnicos e comportamentos. Os preconceitos podem ser considerados falácias?

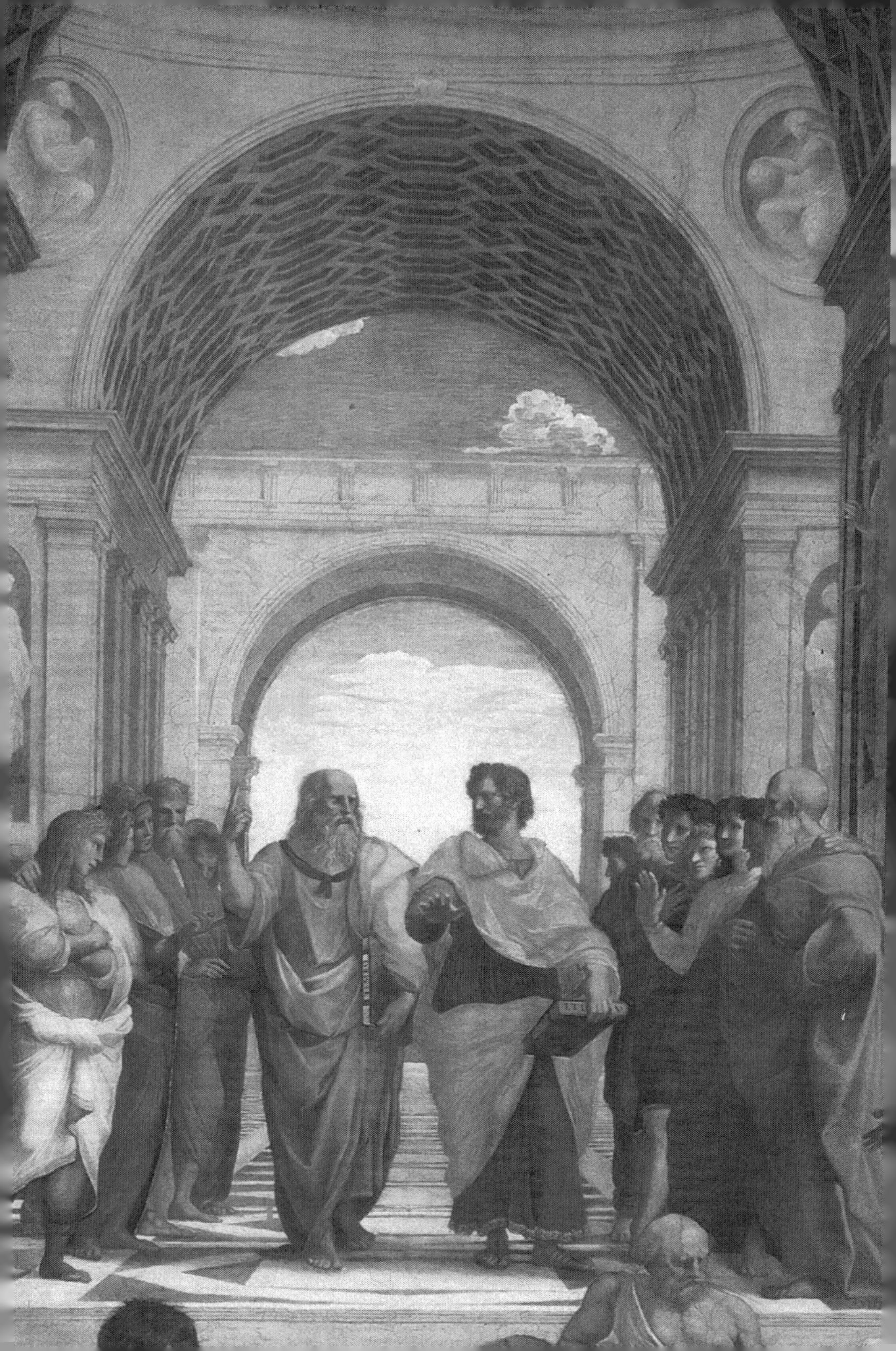

3

Proposições e silogismo categóricos

Este capítulo versará sobre a formulação das proposições e sua influência na linguagem. O tipo especial de raciocínio aqui contemplado será a dedução. Assim, ao analisarmos um argumento no formato de proposição categórica, teremos uma classe de argumentos dedutivos que são válidos ou não. Devemos considerar que todos possam ser submetidos à análise aqui apresentada.

Um objetivo bastante simples aqui presente é mostrar como a linguagem apresenta padrões que a lógica aristotélica capturou como possíveis de serem representados. Isso nos mostra a força da lógica clássica, que serve para atender tanto às necessidades da argumentação mais simples, presente no cotidiano, como à sofisticação acadêmica.

3.1
Tipos de proposições categóricas

A dedução é algo muito importante para a lógica. Trata-se de encontrar premissas que forneçam verdade para sua conclusão. Essas verdades, quando identificadas, facilitam o raciocínio sobre elementos que possibilitam avaliar se o argumento é válido ou inválido. São três possibilidades de argumentos:

1. Um argumento é válido quando suas premissas são verdadeiras e sua conclusão também.

    P(1) – Premissa **verdadeira**

    P(2) – Premissa **verdadeira**

    Conclusão **verdadeira**

2. Um argumento também é válido para outros casos não muito comuns de encontrar*:

    P(1) – Premissa **falsa**

    P(2) – Premissa **falsa**

    Conclusão **falsa**

---

* Deixamos aqui como exercício para o leitor que ele encontre exemplos de outros tipos de inferências válidas (uma com premissas falsas e conclusão falsa e outra que apresente premissas falsas e conclusão verdadeira).

3. O último caso é o seguinte:

   P(1) – Premissa **falsa**

   P(2) – Premissa **falsa**
   _____

   Conclusão **verdadeira**

Quando um argumento dedutivo não é válido, temos de buscar métodos que possibilitem identificá-lo. O estudo da lógica clássica, ou aristotélica, permite encontrar tais argumentos com premissas válidas por meio de um tipo especial de proposições, as chamadas **categóricas**.

> Nenhum esportista é carnívoro.
> Todos os jogadores de xadrez são esportistas.
> _____
> **Logo**, nenhum jogador de xadrez é carnívoro.

As premissas e a conclusão são categóricas, ou seja, referem-se a proposições sobre classes de objetos, ou elementos, e afirmam ou negam que tais objetos tenham tais propriedades. Uma classe é uma coleção de objetos que têm propriedades em comum.

Há quatro formas de proposições categóricas que podem ser facilmente identificadas e que podem ser assim ilustradas:

> 1. Todos os humanos são honestos.
> 2. Nenhum humano é honesto.
> 3. Alguns humanos são honestos.
> 4. Alguns humanos não são honestos.

Caso 1

A primeira proposição é **universal afirmativa**. É uma relação que inclui todos os objetos e afirma isso com a propriedade que lhes pertence. "Todos" quer dizer que não há sequer um elemento fora do grupo dos humanos e, ainda, que são pertencentes à propriedade que foi conferida, isto é, a honestidade. A proposição nos informa que a classe dos honestos está contida na classe dos humanos e pode ser representada da seguinte forma:

> Todo S é P.

Vale dizer que S é o sujeito e P é o predicado. Essa proposição pode ser representada na forma de diagrama de conjuntos, conforme ilustra a Figura 3.1.

Figura 3.1 – *Todos os humanos são honestos*

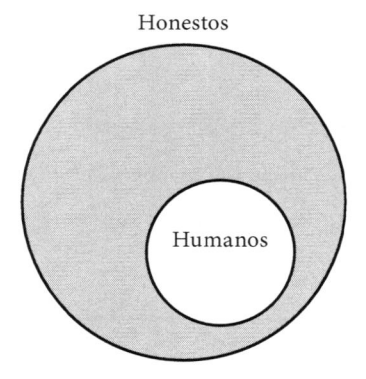

Caso 2

A segunda proposição é **universal negativa**. Ela nega que os humanos sejam honestos. Nenhum elemento do conjunto de humanos faz parte do conjunto de honestos. Há uma completa disjunção, ou seja, uma separação entre os conjuntos de humanos e de honestos. A proposição pode ser escrita da seguinte forma:

> Nenhum S é P.

A Figura 3.2 aponta que existe uma classe de humanos, mas eles não têm a propriedade de serem honestos, outra classe de elementos, ou seja, os humanos podem ser honestos, mas nesse caso não há algum deles que o seja.

Figura 3.2 – Nenhum humano é honesto

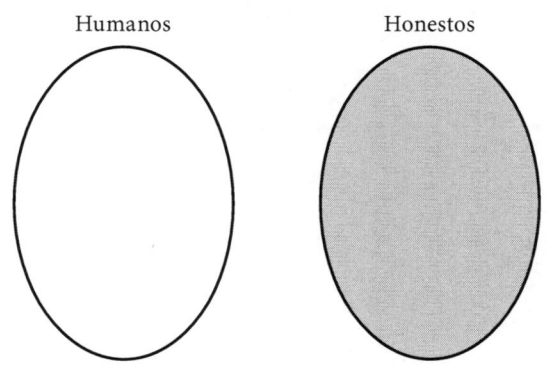

Humanos   Honestos

Caso 3

A terceira proposição é do tipo **particular afirmativa**. Ela estabelece que alguns elementos de uma classe são humanos e alguns outros elementos são honestos. Eles têm alguma propriedade compartilhada, em comum. Portanto, existe uma interseção entre os dois conjuntos de elementos, a qual pode ser representada da seguinte forma:

Algum S é P.

A Figura 3.3 ilustra essa proposição.

Figura 3.3 – Alguns humanos são honestos

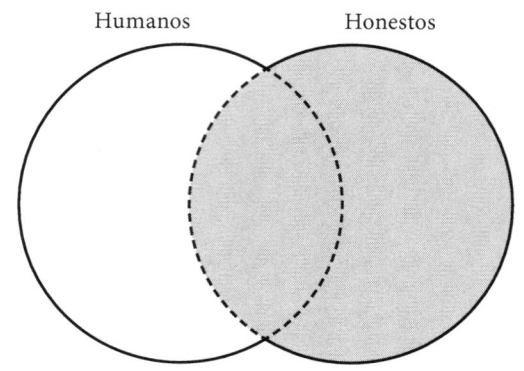

Humanos　　　Honestos

Caso 4

A quarta proposição é **particular negativa**, ou seja, alguns humanos não são honestos. Ela particulariza o caso dos humanos que não têm esse atributo. Isso significa que há humanos e há honestos, mas nesse caso está contemplado apenas o caso dos humanos que não são honestos. Eles podem ter outra propriedade, como a de serem bonitos, ricos, idosos, viajantes, mas a de serem honestos não lhes pertence. Por isso, o conjunto dos elementos humanos não está todo preenchido; alguns elementos não têm a propriedade de serem honestos. É possível representar a quarta proposição do seguinte modo:

Algum S não é P.

A Figura 3.4 esquematiza essa proposição categórica.

Figura 3.4 – Alguns humanos não são honestos

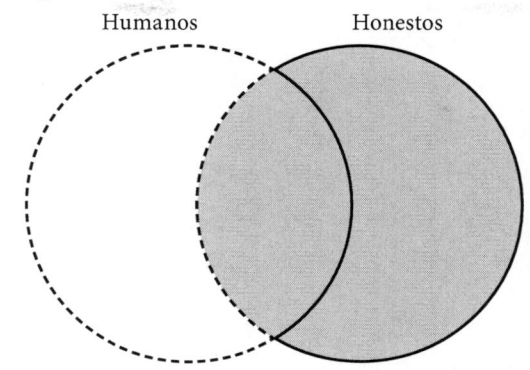

    Evidentemente, nem todas as proposições apresentam a simplicidade das construções frasais usadas como exemplos. No entanto, essa é uma base muito importante para a compreensão de que há certa redução que se pode fazer com as frases para que tenham o formato próximo dos exemplos citados. A tarefa pode não ser fácil, pois exige alguma análise detalhada dos elementos que compõem a proposição, isto é, qual é o sujeito e qual é o predicado.

3.2
Quantidade, qualidade e distribuição

As proposições categóricas apresentam o que se chama de *quantidade* e *qualidade*. A **quantidade** de uma proposição pode ser **universal** (indicada por *todos, todas* e *nenhum, nenhuma*, por exemplo) ou **particular** (*algum, alguma* e *alguns*). As quantidades dizem respeito aos elementos que compõem a categoria analisada para o termo sujeito, que são **quantificadores**. Então, o sujeito é indicado por palavras que quantificam os elementos daquela categoria que integram o conjunto que designa uma parte da proposição, geralmente acompanhado pelas palavras *todos, nenhum, alguns*.

Entre o sujeito e o predicado da proposição sempre se usa o verbo *ser* para designar qualquer tempo verbal em que se localiza aquele sujeito. É o que se chama de *cópula*, ou seja, o termo que liga o sujeito e o predicado.

A **qualidade** de uma proposição, por sua vez, pode ser **afirmativa** ou **negativa**; ela diz respeito a afirmar ou negar uma classe.

Basicamente, as proposições categóricas típicas têm a seguinte estrutura:

> Quantificador (sujeito) cópula (predicado).

As proposições categóricas trazem formas simplificadas do discurso. Mesmo com tal simplificação, são excelentes para começarmos a observar os itens apresentados nos argumentos. Quando há argumentação presente em algum debate, realiza-se a construção de proposições que buscam explicitar aquilo que se pretende dizer dentro de alguma classe de objetos. Vejamos o que uma pessoa quer dizer quando, por exemplo, pronuncia a seguinte frase:

> Todo lugar bonito é minha possível moradia.

Com essa frase, a pessoa deixa claro que não há exceção entre os lugares bonitos para serem a futura moradia dela. No caso, incluiu "todos", portanto permite que seja avaliada a totalidade dos elementos do conjunto em questão. Ao se referir ao lugar que pode ser uma moradia, construiu, então, uma proposição do tipo:

> Todo S é P.

Isso quer dizer que há uma **distribuição**, ou seja, uma proposição distribui um termo se fizer referência a todos os elementos da classe indicados por ele.

> Antes de prosseguirmos, é interessante observarmos que as quatro proposições categóricas, descritas anteriormente são identificadas conforme a representação indicada a seguir, referente à distribuição dos termos:
> 1. **Universal afirmativa**, representada pela letra **A**:
>   Todo S é P.
> 2. **Universal negativa**, representada pela letra **E**:
>   Nenhum S é P (ou Todo S não é P).
> 3. **Particular afirmativa**, representada pela letra **I**:
>   Algum S é P.
> 4. **Particular negativa**, representada pela letra **O**:
>   Algum S não é P.

O termo sujeito de uma proposição do tipo **A** está distribuído; já o termo predicado não está distribuído.

A outra forma típica, a universal negativa, pode ser assim formulada:

Nenhum atleta é estrangeiro.

Como vimos, essa proposição pode ser escrita do seguinte modo:

Nenhum S é P.

Trata-se de uma proposição do tipo **E**, ou seja, afirma que não existe algum atleta estrangeiro. Há a disjunção completa entre a classe dos atletas e a dos estrangeiros, mas considera-se que o sujeito foi distribuído porque isso ocorreu para todos os membros da classe designada. Como também se refere a todos os elementos da classe indicada pelo termo predicado, então se entende que distribuiu o termo predicado.

Outra proposição, a do tipo **I**, pode ser assim apresentada:

> Alguns políticos são inteligentes.

Essa proposição implica não distribuir os termos nem para sujeito nem para predicado. A proposição particular afirmativa limita os membros da classe de políticos e inteligentes e, como já mencionado, pode ser escrita da seguinte maneira:

> Algum S é P.

A proposição particular negativa é parecida com a anterior. Trata-se da proposição do tipo **O**. Vejamos o exemplo a seguir:

> Alguns coelhos não são coelhinhos da Páscoa.

Essa proposição distribui o termo predicado, mas não o faz para o termo sujeito e, como vimos, pode ser assim escrita:

> Algum S não é P.

A Figura 3.5 traz uma representação dos tipos de distribuição.

Figura 3.5 – Tipos de distribuição

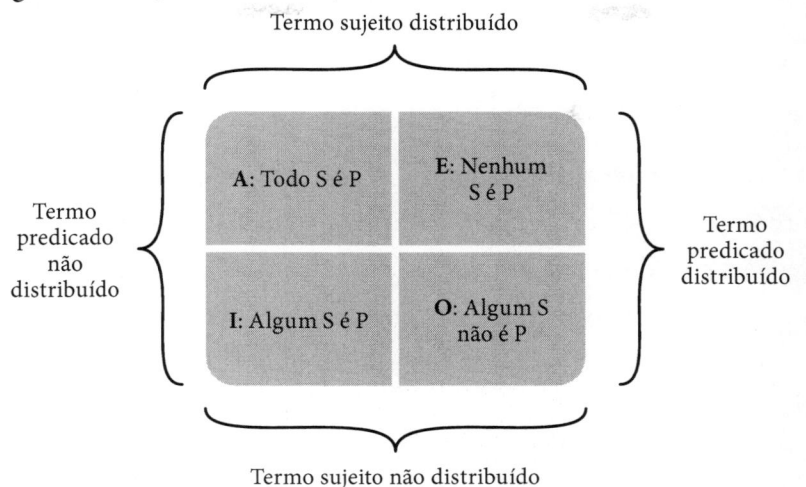

```
                    Termo sujeito distribuído
        ┌─────────────────┬─────────────────┐
        │                 │                 │
        │   A: Todo S é P │  E: Nenhum      │
Termo   │                 │     S é P       │  Termo
predicado                                      predicado
não                                            distribuído
distribuído
        │   I: Algum S é P│  O: Algum S     │
        │                 │     não é P     │
        └─────────────────┴─────────────────┘
                  Termo sujeito não distribuído
```

A Figura 3.6 ilustra, simplificadamente, a distribuição e contribui para entendê-la mais facilmente.

Figura 3.6 – Resumo dos tipos de distribuição

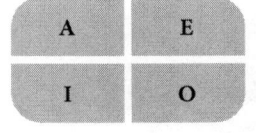

A	E
I	O

O estudo dessa figura pode ser realizado para averiguar a relação entre a distribuição e os termos sujeito e predicado.

3.3
Quadro de oposição

Podemos notar que as proposições categóricas típicas podem ter os mesmos sujeitos e predicados, mas apresentar algumas diferenças entre si. Afinal, podem se diferenciar na qualidade e na quantidade. Vejamos um exemplo:

> Todos os atletas são fortes.
>
> e
>
> Alguns atletas não são fortes.

Essas proposições são exemplos de oposição em quantidade e qualidade, portanto são contraditórias. Elas preservam um sentido de negação de uma em relação à outra, razão pela qual uma delas é verdadeira e outra falsa, quando analisadas uma em relação à outra.

O que temos também é que essas proposições são, respectivamente:

> Todo S é P.
>
> e
>
> Algum S não é P.

A primeira é uma proposição universal afirmativa, e a segunda, uma particular negativa.

Vejamos outras proposições:

> Nenhum atleta é sonhador.
>
> e
>
> Alguns atletas são sonhadores.

Isso implica uma proposição do tipo **E** (universal negativa) e outra do tipo **I** (particular afirmativa), respectivamente, as quais são assim escritas:

> Nenhum S é P.
>
> e
>
> Algum S é P.

Ambas se opõem em qualidade e quantidade, portanto são contraditórias entre si.

Também é possível que duas proposições sejam contrárias se forem verdadeiras entre si, mas ambas podem ser falsas. É o caso das proposições universais que apresentam o mesmo sujeito e predicado, mas são diferentes em relação à qualidade e à quantidade. Assim, as proposições do tipo **A** e **E** apresentam essas características.

> Todos os homens são mortais.
> e
> Nenhum homem é mortal.

As duas não podem ser verdadeiras ao mesmo tempo (quando se confronta uma com a outra). Não é possível que nenhum homem e todos sejam mortais ao mesmo tempo. Contudo, se forem falsas, podem ser **contrárias**.

Para serem **subcontrárias**, podem ser ambas verdadeiras, mas não podem ser falsas.

> Alguns *icebergs* são grandes.
> e
> Alguns *icebergs* não são grandes.

Então, isso vale também para as proposições dos tipos **I** e **O**:

> Algum S é P.
> e
> Algum S não é P.

Há outra comparação possível entre duas proposições categóricas típicas quando se utiliza o termo técnico **oposição**. Elas podem, por exemplo, apresentar o mesmo sujeito e predicado, concordar em qualidade, mas com oposição em quantidade.

Também é importante analisar a oposição entre uma proposição universal e sua proposição particular correspondente, ou seja, elas apresentam o mesmo sujeito e predicado e a mesma qualidade universal. Chama-se essa relação de oposição por **subalternação**.

Esses vários tipos de oposição são apresentados no chamado *quadro de oposição* (Figura 3.7). Trata-se de um instrumento que surgiu na Idade Média para que fossem representadas as diversas formas de oposição em forma de diagrama.

Figura 3.7 – Quadro de oposição

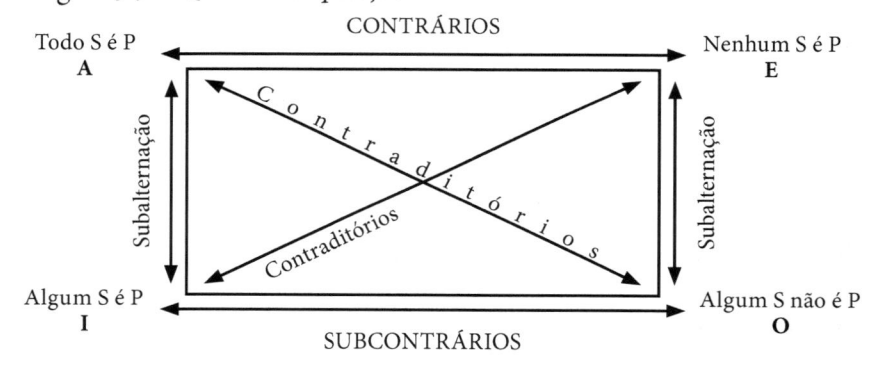

```
                        CONTRÁRIOS
   Todo S é P  ←——————————————————————→  Nenhum S é P
      A                                        E
         ↑    \        Contraditórios     /    ↑
         |      \                       /      |
   Subalternação  \                   /   Subalternação
         |          \               /          |
         |            \           /            |
         ↓              \       /              ↓
   Algum S é P  ←——————————————————————→  Algum S não é P
      I                                        O
                      SUBCONTRÁRIOS
```

Mas para que foi feito esse quadro?

Em lógica, costuma-se distinguir entre **inferências mediatas** e **imediatas**. A inferência é mediata quando há mais de uma premissa, como no caso do silogismo, em que supostamente há mediação entre as premissas e a conclusão. Se uma conclusão for extraída de uma única premissa, trata-se de uma inferência imediata. O quadro de oposição ilustra os casos de algumas inferências imediatas. Vejamos alguns exemplos:

- Se **A** é uma proposição verdadeira: **E** é uma proposição falsa, **I** é verdadeira, e **O** é falsa.
- Se **E** é verdadeira: **A** e **I** são falsas, e **O** é verdadeira.
- Se **I** é verdadeira: **E** é falsa, e **A** e **O** são indeterminadas.
- Se **O** é verdadeira: **A** é falsa, e **E** e **I** são indeterminadas.
- Se **A** é falsa: **O** é verdadeira, e **E** e **I** são indeterminadas.
- Se **E** é falsa: **I** é verdadeira, e **A** e **O** são indeterminadas.
- Se **I** é falsa: **A** é falsa, e **E** e **O** são verdadeiras.
- Se **O** é falsa: **A** é verdadeira, **E** é falsa, e **I** é verdadeira.

3.4
Silogismo categórico

Refletir sobre silogismos é parte obrigatória de um programa de estudo de lógica. Por meio deles, podemos entender boa parte das estruturas presentes na argumentação de vários debates e também no que se denomina *raciocínio dedutivo*. O que caracteriza o silogismo é a presença de duas premissas e uma conclusão, ou seja, são três proposições categóricas típicas (padrão) que apresentam **três termos** (o **maior**, o **menor** e o **médio**). Cada um deles pode ser encontrado em duas das proposições.

Os termos maior e menor, presentes nas premissas, devem estar na conclusão. Vejamos:

Nenhum **herói** é *covarde*.
Alguns soldados são *covardes*.
Logo, alguns soldados não são **heróis**.

O termo *soldados* é chamado de *menor*, e *heróis*, de *maior*. O terceiro termo do silogismo, que, nesse exemplo, é *covarde*, é denominado *médio* e não aparece na conclusão, mas nas premissas.

A premissa que contém o termo maior é chamada, obrigatoriamente, de **premissa maior**, e a que contém o termo menor, de **premissa menor**.

> Premissa maior = Nenhum herói é covarde.
> Premissa menor = Alguns soldados são covardes.
>
> Conclusão = Logo, alguns soldados não são heróis.

Isso define o silogismo. Não é a posição que estabelece se a premissa é maior ou menor, ou seja, a maior não tem de vir primeiro, mas apresentar o termo maior.

Como podemos saber, então, qual é a premissa maior ou a menor no argumento? **Basta observar que a premissa menor deve apresentar o termo sujeito da conclusão.** Vamos considerar o caso anterior, no qual *soldados* é o termo sujeito na conclusão. Isso indica que a premissa que contém esse termo é a premissa menor.

Além disso, os silogismos de forma típica são representados por **três letras**: a primeira indica a primeira premissa; a segunda, a segunda premissa; e a terceira, a conclusão. No exemplo citado, temos um silogismo que apresenta o modo **E I O**.

Os modos dos silogismos categóricos podem ser representados pelos padrões lógicos em que se reconhece a disposição das proposições para que sejam representadas a premissa maior, a menor e a conclusão (como no caso do modo **E I O**, anteriormente).

A disposição do termo menor (**S**), do termo maior (**P**) e do termo médio (**M**) delineia o que podemos chamar de **figura**. A seguir, apresentaremos os quatro tipos básicos de figuras com o uso das proposições categóricas (**A, E, I, O**) e os exemplos de combinações legítimas, ou seja, as que não violam a formação de silogismos.

Primeira figura

Na primeira figura, o termo médio é sujeito da premissa maior e predicado da menor. O "esqueleto" dela, bem como as possibilidades de modos legítimos, é assim indicado:

```
M – P
S – M
―――――
∴ S – P
```

A A A
Toda árvore é um vegetal.
Toda tuia é uma árvore.
―――――――――――――――――――――――
Logo, toda tuia é um vegetal.

E A E
Nenhuma árvore é um vegetal.
Toda laranjeira é uma árvore.
―――――――――――――――――――――――
Logo, nenhuma laranjeira é um vegetal.

A I I
Toda árvore é um vegetal.
Este pinheiro é uma árvore.
―――――――――――――――――――――――
Portanto, este pinheiro é um vegetal.

E I O
Nenhuma árvore é um vegetal.
Este abeto é uma árvore.
―――――――――――――――――――――――
Logo, este abeto não é um vegetal.

Segunda figura

A segunda figura tem o termo médio como predicado na premissa maior e também na menor. Apresentamos, a seguir, sua forma geral e, na sequência, os modos legítimos correspondentes:

P – M
S – M
∴ S – P

E A E

Nenhum mamífero é animal de sangue frio.

Todo réptil é animal de sangue frio.

Logo, nenhum réptil é mamífero.

A E E

Todo mamífero é animal de sangue quente.

Todo réptil não é animal de sangue quente.

Logo, todo réptil não é mamífero.

E I O

Nenhum mamífero é animal de sangue frio.

Algum réptil é animal de sangue frio.

Logo, algum réptil não é mamífero.

A O O

Todo mamífero é animal de sangue quente.

Algum réptil não é animal de sangue quente.

Portanto, algum réptil não é mamífero.

Terceira figura

Na terceira figura, o termo médio ocupa a posição de sujeito nas duas premissas. Sua forma geral e os modos legítimos correspondentes são os seguintes:

```
M – P
M – S
─────
∴ S – P
```

E I O

Nenhuma ave é quadrúpede.

Alguma ave é carnívora.

Portanto, algum carnívoro não é quadrúpede.

A A I

Todas as aves são bípedes.

Todas as aves são vegetarianas.

Portanto, algum vegetariano é bípede.

E A O

Nenhuma galinha é quadrúpede.

Toda galinha é vegetariana.

Portanto, algum vegetariano não é quadrúpede.

I A I

Alguma ave é bípede.

Toda ave é vegetariana.

Portanto, algum vegetariano é bípede.

Quarta figura

Na quarta figura, o termo médio é predicado da premissa maior e sujeito da menor. Vejamos sua estrutura geral e os modos legítimos correspondentes:

$$
\begin{array}{l}
P - M \\
M - S \\
\hline
\therefore S - P
\end{array}
$$

I A I

Alguns políticos são pessoas honestas.

Todas as pessoas honestas são pessoas de virtude.

Portanto, algumas pessoas de virtude são políticos.

A E E

Todo político é homem honesto.

Nenhum homem honesto é economista.

Portanto, nenhum economista é político.

E I O

Nenhum político é pessoa honesta.

Algumas pessoas honestas são pessoas de virtude.

Portanto, algumas pessoas de virtude não são políticos.

Essas figuras e seus modos, como apresentados anteriormente, proporcionam o reconhecimento de argumentos válidos. Porém, isso não quer dizer que as formas válidas façam referência à verdade ou à falsidade das proposições. Estas devem atender às seguintes regras* de formação dos silogismos categóricos:

- a) **Uma premissa negativa não pode ter uma conclusão afirmativa**, pois isso resulta na falácia da conclusão afirmativa obtida mediante premissa(s) negativa(s).
- b) **Uma conclusão negativa não pode ter todas as premissas afirmativas**, pois isso resulta na falácia da conclusão negativa obtida mediante premissas afirmativas.
- c) **Uma inferência não pode ter duas premissas negativas**, pois isso resulta na falácia das premissas exclusivas.
- d) **Duas premissas universais não podem ter uma conclusão particular**, pois isso resulta na falácia existencial.
- e) **Um termo que esteja distribuído na conclusão deve estar distribuído nas premissas**, pois, caso contrário, o resultado é a falácia do ilícito maior e do ilícito menor.
- f) **O termo médio deve estar distribuído em pelo menos uma premissa**, pois, caso contrário, o resultado é a falácia do termo médio não distribuído.

A validade ou não do silogismo depende da forma e é independente do seu conteúdo ou do tema presente. O que é importante lembrar aqui é o aspecto da forma que um silogismo pode obter. Mas, afinal, qual é a utilidade das figuras? Elas apresentam formas válidas que podem ser tomadas como guias para a construção de conteúdos para os quais buscamos uma argumentação válida. Desse modo, elas valem como indicativo para a construção de textos acadêmicos, por exemplo.

---

* As regras são explicadas amplamente em Baronett (2009, p. 502-507).

Síntese

O *quadro de* oposição pode ajudar o estudioso a exercitar as possibilidades de construir a verdade ou a falsidade. Trata-se apenas de uma atividade intelectual que permite a classificação das proposições. Porém, o que há de importante para destacarmos neste capítulo é que as proposições podem ser classificadas de maneira a serem reconhecidas como a reunião das principais formas proposicionais que encontramos na língua portuguesa. Com as proposições categóricas e o referido quadro, obtemos uma síntese das possíveis situações em que expressamos o estado do "ser", ou seja, aquilo que buscamos arduamente descrever ou explicar em filosofia e que, de algum modo, é capturado com a lógica. Este é um sentido fundamental desde Aristóteles, o de indicar o que é o "ser" e como ele se dispõe no mundo.

Atividades de autoavaliação

Nos enunciados a seguir, cada proposição foi escrita como universal afirmativa, universal negativa, particular afirmativa ou particular negativa. Analise-as e, em cada caso, assinale a alternativa que indica corretamente a classificação:

1. *Alguns escritores são filósofos brilhantes com grande conhecimento sobre os problemas filosóficos.*
    a) Universal afirmativa.
    b) Universal negativa.
    c) Particular afirmativa.
    d) Particular negativa.

2. *Todos os jogadores de futebol são candidatos ao título de melhor esportista do ano.*
   a) Universal afirmativa.
   b) Universal negativa.
   c) Particular afirmativa.
   d) Particular negativa.

3. *Todos os esportistas são pessoas comuns.*
   a) Universal afirmativa.
   b) Universal negativa.
   c) Particular afirmativa.
   d) Particular negativa.

4. *Alguns políticos são pessoas de confiança.*
   a) Universal afirmativa.
   b) Universal negativa.
   c) Particular afirmativa.
   d) Particular negativa.

5. *Nenhum ator que não tenha feito um grande filme é candidato ao Oscar.*
   a) Universal afirmativa.
   b) Universal negativa.
   c) Particular afirmativa.
   d) Particular negativa.

Atividades de aprendizagem

Questões para reflexão

1. Os enunciados na forma de universais exigem que todos os membros pertencentes ao conjunto considerado tenham as mesmas qualidades atribuídas. Reflita sobre o caráter estático que a lógica, nesse caso, propõe.

2. Crie proposições dos tipos universal afirmativa, universal negativa, particular afirmativa e particular negativa. Em seguida, inverta a quantidade de cada proposição.

Atividade aplicada: prática

1. Encontre exemplos de proposições categóricas e compare com as situações de sujeito e predicado presentes na gramática de língua portuguesa. Certamente você perceberá a relação que existe entre o modo de construção das proposições do tipo A, E, I e O e a concordância verbal e nominal.

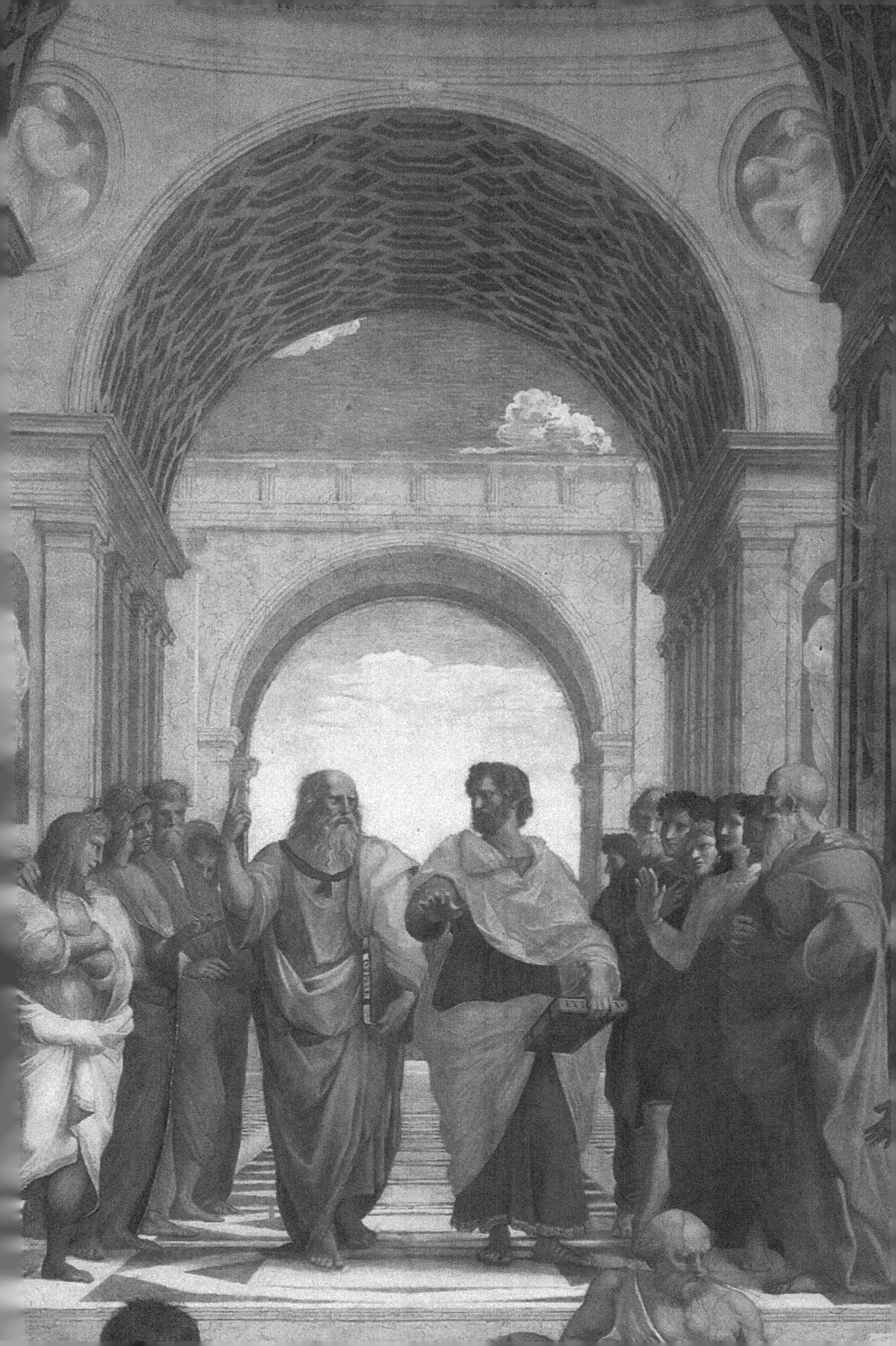

4

Lógica simbólica

Há muitas formas de abordar a lógica com o formalismo necessário para caminhar na compreensão dos enunciados, dos mais simples aos mais sofisticados. Contudo, o que podemos apresentar de maneira introdutória neste capítulo facilitará o entendimento da representação dada por atribuição de letras e símbolos aos enunciados. O capítulo requer atenção para a ideia transmitida pelos lógicos de que é possível tratar de forma simplificada os enunciados básicos de um discurso.

4.1
Representação das proposições por meio de símbolos

Como foi mencionado anteriormente, a linguagem do cotidiano nos impede de fazer uma inspeção minuciosa quando usada, porque, em geral, os diálogos acontecem de maneira a formar uma longa cadeia de argumentos. Claro que deixamos escapar alguns detalhes de uma longa argumentação. De fato, é difícil orientar uma conversa com todos os requisitos que possam levar ao argumento dedutivo mais bem sistematizado. Porém, quando se trata de analisar a argumentação escrita, é possível abordar de forma precisa a atribuição de símbolos e letras feita em lógica e que nos fornece a complexidade necessária para a análise da linguagem, o que se constitui em um artifício que foge ao exame natural do cotidiano.

A linguagem natural pode estabelecer algumas dificuldades quando argumentos são formulados. Podem surgir equívocos que tornam complexa a resolução de debates e discursos diversos. Para serem mais bem entendidos, os lógicos criaram uma linguagem artificial, a **lógica simbólica**, a qual expressa e avalia de maneira mais segura proposições e argumentos.

A utilização de símbolos lógicos para expressar os argumentos é a principal vantagem da lógica simbólica. Ela permite transformar a linguagem natural do cotidiano em ferramentas que possibilitem aplicar regras de cálculo estabelecidas segundo a linguagem artificial, que pode ser proposta de acordo com algumas convenções.

Primeiro é importante entendermos o que ocorre em cada etapa para daí transformar os enunciados em proposições que sejam apresentadas por meio da linguagem simbólica. Os **enunciados** se dividem em dois tipos: **simples** e **compostos**. Os argumentos que contêm enunciados compostos são constituídos de enunciados simples, ou seja, podem ser divididos em pequenas partes. Vamos a um exemplo:

> Se o homem de casaco azul é o chefe da administração, então ele pode lhe entregar as chaves.
> Mas ele não pode lhe entregar as chaves.
> Portanto, o homem de casaco azul não é o chefe da administração.

Esse argumento apresenta alguns **conectivos**, como são chamadas em lógica as palavras e expressões que ligam as frases e produzem sentido quando a leitura é feita com mais de uma proposição. Podem ser *se... então* (como vemos nesse argumento) e outros como *ou, e, se e somente se, não* (significa "não é verdade que") e *se... não*. Eles permitem perceber a composição mista das proposições num argumento.

O que é possível verificar é que a linguagem do cotidiano pode ser traduzida de forma aperfeiçoada pelo simbolismo introduzido pela lógica. A conjunção entre um enunciado e outro pode ser representada pelo símbolo "&", mas há outras formas de representar o mesmo conectivo lógico (por exemplo ".", "^"); todas essas representações são de livre escolha do estudioso.

Como todo enunciado é verdadeiro ou falso, cada um tem seu valor de verdade. Uma conjunção entre dois enunciados simples será verdadeira se ambos os enunciados conjuntivos forem verdadeiros; caso contrário, será falsa.

4.2
Enunciado conjuntivo

A *palavra e* é um conectivo empregado para ligar um enunciado a outro. Vamos exemplificar:

> O professor é inteligente e trabalhador.

De certo modo, o que se pretendeu dizer com essa frase é que "o professor é inteligente" e "o professor é trabalhador".

Suponhamos, então, as duas proposições:

> Ana dorme.
>
> e
>
> Pedro trabalha.

A primeira proposição pode ser verdadeira ou falsa e a segunda também. Porém, se juntarmos ambas, ou seja, com a conjunção delas, teremos:

> Ana dorme e Pedro trabalha.

A verdade da conjunção pode ser analisada sob vários aspectos da sua verdade ou falsidade. Por exemplo, para esse caso, temos as seguintes possibilidades a serem investigadas:

a) *Ana dorme* (verdade) *e Pedro trabalha* (verdade).

Ana pode mesmo estar dormindo e Pedro pode, de fato, estar trabalhando.

b) *Ana dorme* (verdade) *e Pedro trabalha* (falso).

Ana pode estar dormindo e Pedro pode ter ido passear, por exemplo. Então, a proposição "Pedro trabalha" pode ser falsa.

c) *Ana dorme* (falso) *e Pedro trabalha* (verdade).

Ana pode não estar dormindo, pois pode estar acordada, e Pedro, de fato, está trabalhando. Então, a proposição "Ana dorme" pode ser falsa.

d) *Ana dorme* (falso) *e Pedro trabalha* (falso).

Ana não está dormindo e Pedro não está trabalhando.

Essas possibilidades são combinações de valores de verdade que atendem à fórmula 2^n, em que **n** é o número de proposições ou sentenças envolvidas. Para o caso analisado na conjunção, temos n = 2 e, portanto, $2^n = 4$, que é a quantidade de combinações possíveis para esse caso, como mostrado no Quadro 4.1.

Quadro 4.1 – A verdade e a falsidade atribuídas aos enunciados (exemplo)

	Ana dorme	Pedro trabalha
1º caso	verdadeiro	verdadeiro
2º caso	verdadeiro	falso
3º caso	falso	verdadeiro
4º caso	falso	falso

Se quisermos representar de forma simbólica os valores de verdade do Quadro 4.1, podemos atribuir a abreviação indicada no Quadro 4.2.

Quadro 4.2 – A verdade e a falsidade atribuídas aos enunciados, com os respectivos valores de verdade abreviados (exemplo)

	Ana dorme	Pedro trabalha
1º caso	V	V
2º caso	V	F
3º caso	F	V
4º caso	F	F

O que vimos indica, portanto, que a conjunção (&) em ambas é verdadeira apenas no primeiro caso. O Quadro 4.3 mostra a representação mais usual para os valores de verdade da conjunção entre as proposições "Ana dorme" & "Pedro trabalha".

Quadro 4.3 – A verdade e a falsidade atribuídas ao enunciado conjuntivo (exemplo)

	Ana dorme	Pedro trabalha	Ana dorme & Pedro trabalha
1º caso	V	V	V
2º caso	V	F	F
3º caso	F	V	F
4º caso	F	F	F

Por último, a representação simbólica pode ser mais precisa se forem atribuídas as letras **P** e **Q** às proposições:

P = Ana dorme.
Q = Pedro trabalha.

O Quadro 4.4 demonstra essa representação com a correspondência entre proposições e letras conforme a linguagem da lógica simbólica.

Quadro 4.4 – A verdade e a falsidade atribuídas ao enunciado conjuntivo

P	Q	P & Q
V	V	V
V	F	F
F	V	F
F	F	F

Portanto, também podemos entender "P & Q" como uma função (P & Q), na qual os valores de entrada são os valores de verdade e estabelecem uma saída, que é a conjunção deles.

Na teoria dos conjuntos também é possível representar a conjunção (P & Q) pelo diagrama de Venn, conforme mostrado na Figura 4.1.

Figura 4.1 – Diagrama de Venn para o enunciado conjuntivo (P & Q)

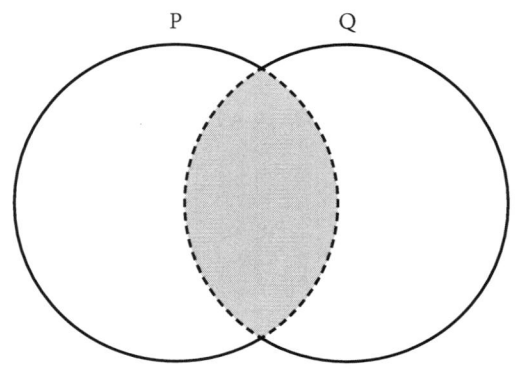

Pela Figura 4.1, temos:

$$P \cap Q = \{x/\ x \in P \text{ e } x \in Q\}$$

4.3
Enunciado negativo

É *possível empregar* a palavra **não** como termo lógico e representar a negação pelo símbolo "~". A sentença negativa indica que, simetricamente, é construída outra proposição. A negação pode ser considerada um operador sobre a proposição avaliada. Vamos considerar o seguinte exemplo:

Pedro trabalha.

Na sua forma negativa, essa proposição pode ser escrita do seguinte modo:

Pedro não trabalha.

O quadro para a negação é representado a seguir.

Quadro 4.5 – *Possíveis valores de verdade atribuídos aos enunciados (exemplo)*

Pedro trabalha	Pedro não trabalha
verdadeiro	falso
falso	verdadeiro

Assim, a representação dos valores de verdade do Quadro 4.5 fica, de forma simplificada, como consta no Quadro 4.6, ao atribuirmos à sentença sua forma simbólica: Q = "Pedro trabalha".

Quadro 4.6 – A verdade e a falsidade atribuídas ao enunciado negativo

Q	~Q
V	F
F	V

A negação também pode ser representada pela teoria dos conjuntos. Se for considerado um universo U qualquer no qual Q está contida e o complemento de Q for tudo o que está contido em U, mas não está em Q, temos o diagrama de Venn representado na Figura 4.2.

Figura 4.2 – Diagrama de Venn para o enunciado negativo

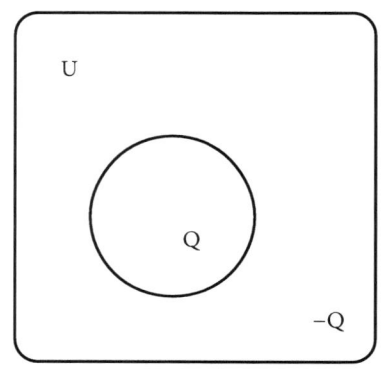

Portanto, se x pertence a Q, então x não pertence a –Q:

$$-Q = \{x/\ x \in U \text{ e } x \notin Q\}$$

4.4
Enunciado disjuntivo

Os *enunciados disjuntivos* apresentam a possibilidade de uma proposição ser usada para expressar uma atividade, tarefa ou escolha. A interpretação da lógica simbólica oferece um sentido forte para a disjunção, o que quer dizer que busca uma precisão para o enunciador da proposição. Vejamos um exemplo:

> Marlon dorme.
> **ou**
> Marlon estuda.

Novamente, para analisarmos o silogismo disjuntivo sob critérios lógicos, devemos atentar às possibilidades dos valores de verdade e falsidade para cada proposição. Antes, é necessário fazer uma ressalva sobre o significado da palavra *ou*, pois pode sugerir alguma ambiguidade em determinados casos. Ela pode tomar o sentido de **exclusivo** ou **inclusivo**. O primeiro uso tem um sentido mais forte que o segundo. Na **disjunção exclusiva**, temos:

> Ou Marlon estuda ou Marlon dorme.

Nesse caso, estabelecemos que pelo menos um dos enunciados é verdadeiro, mas não os dois ao mesmo tempo. É um par de alternativas que não podem ser verdadeiras simultaneamente. Então, um dos fatos acontece, mas não os dois. A disjunção exclui uma alternativa em relação à outra. Assim, ela só é verdadeira quando as proposições que a compõem têm valores de verdade diferentes, visto que apenas uma pode ocorrer. O Quadro 4.7 ilustra essa situação.

Quadro 4.7 – A verdade e a falsidade atribuídas ao enunciado disjuntivo exclusivo (exemplo)

	Marlon estuda	**Marlon dorme**	**Marlon estuda ou Marlon dorme**
1º caso	V	V	F
2º caso	V	F	V
3º caso	F	V	V
4º caso	F	F	F

Essas informações resultam nos valores de verdade mostrados no Quadro 4.8, em que a disjunção exclusiva é representada pelo conectivo lógico "w". Vamos atribuir as letras **A** e **B** às proposições:

A = Marlon estuda.
w
B = Marlon dorme.

Essa relação entre as duas proposições pode ser escrita de forma simbólica do seguinte modo: (A **w** Q).

Essa é uma função que pode ser alimentada pelos seus valores de entrada e, como resultado, apresenta seus valores de verdade na saída, como é possível notar.

Quadro 4.8 – A verdade e a falsidade atribuídas ao enunciado disjuntivo exclusivo

A	B	A w B
V	V	F
V	F	V
F	V	V
F	F	F

É possível analisar essa disjunção de acordo com a teoria dos conjuntos? Sim, mas os resultados não são muito interessantes, porque é difícil obter algum equivalente à disjunção exclusiva nessa teoria.

Assim, por enquanto, é interessante observar que a possibilidade de existir a disjunção exclusiva é para os casos em que (A **w** B) = verdade, ou seja, quando A e B tiverem valores de verdade opostos; quando A e B tiverem valores de verdade idênticos, não haverá disjunção exclusiva.

A **disjunção inclusiva** requer outro tipo de análise. Ela tem característica diferente da exclusiva porque não necessariamente exclui a outra sentença alternativa. Vamos considerar o seguinte exemplo:

> Mário come bolo ou Mário come pudim.

Essa seria uma situação típica em que a ação pode ser realizada de uma forma ou de outra. Mário pode comer bolo e depois comer pudim; uma ação não exclui a outra, ou seja, pode incluí-la, por isso é chamada de *inclusiva*. A disjunção inclusiva aceita a verdade das duas proposições. Vejamos isso com mais clareza no Quadro 4.9.

Quadro 4.9 – *A verdade e a falsidade atribuídas ao enunciado disjuntivo inclusivo (exemplo)*

Mário come bolo	Mário come pudim	Mário come bolo ou Mário come pudim
V	V	V
V	F	V
F	V	V
F	F	F

A disjunção inclusiva pode ser representada pelo sinal "v" e resulta nos valores de verdade mostrados no Quadro 4.10.

> A = Mário come bolo.
> v
> B = Mário come pudim.

Essa relação entre as duas proposições pode ser escrita de forma simbólica do seguinte modo: (A **v** B).

Quadro 4.10 – *A verdade e a falsidade atribuídas ao enunciado disjuntivo inclusivo*

A	B	A v B
V	V	V
V	F	V
F	V	V
F	F	F

Aqui é possível realizar uma análise segundo a teoria dos conjuntos e utilizar o diagrama de Venn para representar a união de A e B, conforme ilustra a Figura 4.3.

Figura 4.3 – Diagrama de Venn para a disjunção inclusiva

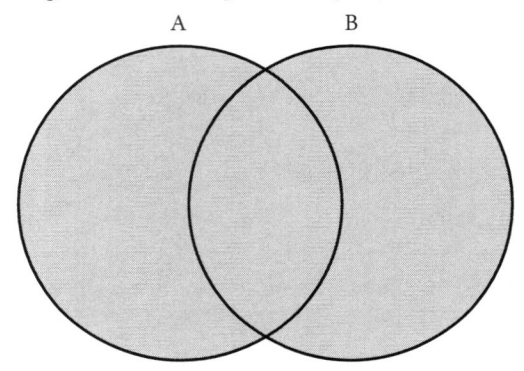

Do mesmo modo que nos enunciados anteriores, podemos escrever em termos de notação matemática a disjunção inclusiva:

$$A \cup B = \{x/\ x \in A\ \mathbf{ou}\ x \in B\}$$

4.5
Enunciado condicional

A *forma condicional* se apresenta como uma das mais relevantes entre os conectivos lógicos. A forma **se... então** é muito usada para identificar uma relação entre duas proposições em que, se a primeira for verdadeira, a segunda também o será. Vejamos um exemplo:

Se Maria ouve rádio, **então** Maria sente fome.

Trata-se de uma proposição que estabelece a condição suficiente para que Maria sinta fome: se ela ouvir rádio. A sentença que indica a condição suficiente para que ocorra o outro fato é chamada de *antecedente* ("Maria ouve rádio"); a outra sentença ("Maria sente fome") é denominada *consequente*.

Aqui é preciso analisar minuciosamente os casos para entender a relação entre o antecedente e o consequente. Ela não exige que o antecedente seja verdadeiro e pode ser verdadeira mesmo quando ambos forem falsos. Vamos examinar isso com atenção.

Situação 1 – Antecedente e consequente verdadeiros
Se Maria ouve rádio e sente fome, não há problema em aceitar as duas proposições como verdadeiras. Por algum mecanismo desconhecido, ela pode sentir fome ao ouvir rádio, talvez porque esteja acostumada a ouvir rádio apenas durante as refeições, apenas depois do trabalho e, por estar cansada, sente fome imediatamente quando ouve rádio.

Situação 2 – Antecedente verdadeiro e consequente falso
Se Maria estiver ouvindo rádio e, em algum momento, não tiver fome, o antecedente ocorre, mas o consequente pode ser falso. Nesse caso, a condicional tem de ser falsa.

Situação 3 – Antecedente falso e consequente verdadeiro
Pode ser o caso em que Maria esteja com fome, mas não porque ouviu rádio; pode ser por outro motivo, o que é bastante razoável, mas, mesmo assim, ela ouve rádio. Então, o antecedente não foi o que resultou no consequente (a fome dela), apenas está presente a ação de Maria de ouvir rádio.

Situação 4 – Antecedente e consequente falsos
Imaginemos também um caso hipotético em que se pensasse: "Bem, Maria pode não ouvir rádio nem sentir fome; nem uma coisa nem outra aconteceram". Mesmo que isso seja possível, a condicional nos permite

supor que, se acontecesse de ela ouvir rádio, sentiria fome. Desse modo, a condicional é verdadeira, apesar de o antecedente e o consequente serem falsos.

No Quadro 4.11 é possível visualizar um resumo das situações apresentadas.

Quadro 4.11 – A verdade e a falsidade atribuídas às situações da disjunção condicional (exemplo)

	Maria ouve rádio	Maria sente fome	Se Maria ouve rádio, Maria sente fome
Situação 1	V	V	V
Situação 2	V	F	F
Situação 3	F	V	V
Situação 4	F	F	V

Ao identificarmos as proposições como A e B (como feito anteriormente para os outros casos de disjunção), podemos ter o seguinte:

> Se...
> A = Maria ouve rádio.
> Então,
> B = Maria sente fome.

A disjunção condicional pode ser representada pelo símbolo "=>", e a função pode ser escrita como (A => B).

O Quadro 4.12 mostra os valores de verdade na disjunção condicional.

Quadro 4.12 – A verdade e a falsidade atribuídas ao enunciado disjuntivo condicional

	A	B	A => B
Situação 1	V	V	V
Situação 2	V	F	F
Situação 3	F	V	V
Situação 4	F	F	V

Conforme a teoria dos conjuntos, isso pode ser representado como consta na Figura 4.4.

Figura 4.4 – Diagrama de Venn para a disjunção condicional

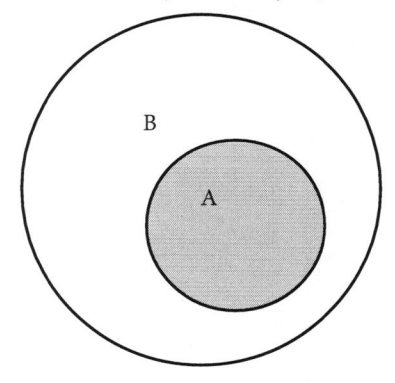

Esse diagrama pode ser escrito na forma de notação matemática:

$$A \subset B; x \in A => x \in B$$

4.6
Enunciado bicondicional (ou equivalência)

Uma proposição condicional, como discutido até aqui, pode ser representada pelo símbolo "=>" e estabelece uma relação lógica de apenas uma direção, o que quer dizer que não é possível fazer uma operação de comutação. No entanto, podemos usar outro tipo de relação que permita os dois sentidos, representada pelo símbolo "<=>". Vejamos um exemplo:

> a) Se o elétron tem um campo elétrico, então ele é um portador de carga.

Isso implica também reescrever essa frase do seguinte modo:

> b) Se o elétron é um portador de carga, então ele tem um campo elétrico.

O que fica claro na análise que fazemos dessas duas condicionais é que a sentença (a) pode ser entendida de forma que, se invertida, leva à sentença (b).

É possível também escrever a sentença com a expressão *se e somente se*:

> O elétron tem campo elétrico **se e somente se** o elétron é um portador de carga.

Portanto, a relação acontece nos dois sentidos, por isso temos as alternativas indicadas no Quadro 4.13.

Quadro 4.13 – *A verdade e a falsidade atribuídas ao enunciado bicondicional (exemplo)*

O elétron tem campo elétrico	O elétron é um portador de carga	O elétron tem campo elétrico se e somente se o elétron é um portador de carga
V	V	V
V	F	F
F	V	F
F	F	V

Ao representarmos as proposições por A e B, temos:

A = O elétron tem campo elétrico.

<=>

B = O elétron é um portador de carga.

O Quadro 4.14 mostra os valores de verdade para as proposições no enunciado bicondicional.

Quadro 4.14 – A verdade e a falsidade atribuídas a cada parte do enunciado bicondicional

A	B	A <=> B	A => B	B => A	(A => B) & (B => A)
V	V	V	V	V	V
V	F	F	F	V	F
F	V	F	V	F	F
F	F	V	V	V	V

Conforme a teoria dos conjuntos, essa relação entre as proposições pode ser representada como consta na Figura 4.5.

Figura 4.5 – Diagrama de Venn para a disjunção bicondicional

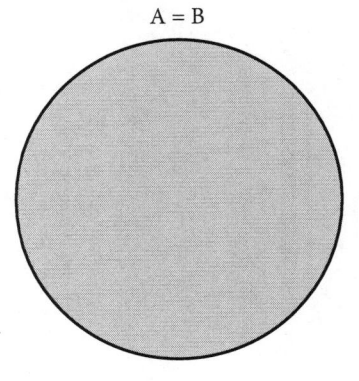

A = B

A notação matemática, portanto, pode ser assim formulada:

$$A = B = \{x/\ x \in A => x \in B \text{ e } x \in B => x \in A\}$$

4.7
Síntese da representação dos enunciados pelos conectivos lógicos

No Quadro 4.15, apresentamos um quadro-resumo que ajuda a identificar os conectivos lógicos e as respectivas funções na língua portuguesa e, consequentemente, na lógica.

Quadro 4.15 – *Apresentação geral dos conectivos lógicos*

Conectivo	Gramática	Símbolo	Operador lógico
Negação	não não é o caso que	~	Modifica o valor de verdade da proposição inicial.
Conjunção	e mas; porém	&	É verdadeira quando todas as proposições são verdadeiras.
Disjunção inclusiva	ou... ou seja... seja	v	É falsa quando todas as proposições são falsas.
Disjunção exclusiva	ou... ou seja... seja	w	É verdadeira quando as proposições têm valores diferentes.
Condicional	se... então ...caso... ...somente se... a menos que..., não	=>	É falsa quando o antecedente é verdadeiro e o consequente é falso.
Equivalência	...se e somente se	<=>	É verdadeira quando os valores de verdade são idênticos.

No Quadro 4.16, apresentamos um resumo das possíveis traduções dos conectivos condicional e bicondicional.

Quadro 4.16 – *Tradução dos conectivos lógicos*

Se A, então B	A => B
Somente se B, A	B => A
B, se A	A => B
A, somente se B	B => A
Se B, então A	B => A
Somente se A, B	A => B
B, se e somente se A	B <=> A

Esse resumo facilita o entendimento das operações que acontecem em lógica e pode ser útil para o leitor em seus estudos. Muitas delas assumem uma linguagem matemática, o que pode causar estranheza àqueles que não estão familiarizados com as ciências matemáticas, porém, de certo modo, com a formalização se obtém o rigor. Recomendamos a construção, sempre que possível, dos diagramas de Venn para que seja ampliada a visão da análise.

4.8
Classificação das expressões lógicas

Ao construirmos uma tabela de verdade*, podemos avaliar o nível de informação que as sentenças apresentam. Isso significa que a tabela permite examinar algo no conjunto do discurso que o argumento pretende informar. Trata-se de um artifício para descobrir se a expressão oferecida é uma contingência, uma contradição ou uma tautologia.

---

*   "O método das tabelas de verdade (ou matrizes lógicas) é um dos processos de decisão para o cálculo proposicional, o que significa que se trata de um processo mecânico tal que, para toda a fórmula Φ [frase declarativa representada por uma linguagem adequada do cálculo proposicional] deste cálculo, permite sempre responder à pergunta sobre se Φ é ou não uma tautologia" (Branquinho; Murcho; Gomes, 2006, p. 659).

A **contingência** acontece quando os valores V e F aparecem na tabela para uma expressão de conjunção de enunciados, como (A & B). O Quadro 4.17 ilustra esse cenário.

Quadro 4.17 – Tabela de verdade para a contingência

A	B	A & B
V	V	V
V	F	F
F	V	F
F	F	F

Os valores de verdade da terceira coluna (à direita) apresentam V e F, portanto a proposição (A & B) é contingente. *Grosso modo*, isso revela que o fenômeno apresentado pela expressão tem a chance de existir/ acontecer ou não – daí o termo *contingente*.

A outra situação é a da **contradição**, como no caso da expressão (A & ~A), representada no Quadro 1.8.

Quadro 4.18 – Tabela de verdade para a contradição

A	~A	A & ~A
V	F	F
V	F	F
F	V	F
F	V	F

A terceira coluna (à direita) apresenta apenas valores F, o que caracteriza a proposição (A & ~A), definida, então, como uma contradição.

O terceiro caso é a possibilidade de **tautologia**, que ocorre quando a terceira coluna aparece apenas com valores V. Isso equivale a dizer que não há informação adicionada ao que foi expresso, portanto não se acrescenta informação ao discurso. Também significa que se aplica a todos os casos possíveis, pois é universal. Isso não quer dizer que não tenha importância como argumento. Vamos considerar (A v ~A), representada no Quadro 1.9.

Quadro 4.19 – Tabela de verdade para a tautologia

A	~A	A v ~A
V	F	V
V	F	V
F	V	V
F	V	V

Mas como fazer essa análise para outras expressões?

No caso de expressões maiores, devemos tomar o cuidado de identificar o conectivo lógico mais importante. Vamos tomar como exemplo a expressão (A & B) => A, representada no Quadro 4.20.

Quadro 4.20 – Tabela de verdade para (A & B) => A

A	B	A & B	(A & B) => A
V	V	V	V
V	F	F	V
F	V	F	V
F	F	F	V

Podemos perceber que o conectivo principal é o condicional (=>) e que a última coluna à direita apresenta todos os valores de verdade V. Portanto, a expressão (A & B) => A é uma tautologia.

Ainda que para o caso da tautologia tenhamos um resultado circular, ou seja, o que desejamos provar está contido nas premissas, na lógica é importante interpretar o resultado de uma expressão tautológica como uma aplicação para todos os casos possíveis.

Síntese

O *capítulo apresentou* um passo importante na construção dos raciocínios lógicos. Abordar os enunciados na forma simbólica representa uma evolução em termos de aplicação dos recursos que a dedução pode proporcionar. A ênfase em algumas técnicas para reescrever um enunciado e empregar o conectivo adequado possibilita que a lógica simbólica se constitua em uma ferramenta mais segura para analisar os diversos casos que a linguagem pode oferecer.

Ao usarmos a estrutura mais básica de simbolismo na lógica, apresentamos o primeiro passo na possibilidade de envolver todos os argumentos em enunciados simbólicos. O sonho de Leibniz seria a execução dessa tarefa, conservadora, mas de correção dedutiva completa, pois ele esperava reduzir todos os tipos de discurso à análise lógica na forma simbólica. Obviamente isso não foi possível até hoje e, talvez, nem seja algo que mereça tanto vislumbre para o futuro. Porém, a lógica simbólica serve para orientar algumas possibilidades de raciocínio e treinar a aplicação das regras aqui descritas.

Uma atenção especial deve ser dada à construção das tabelas de verdade. Elas são um grande exercício de aplicação das regras que formam essa parte mais formal da lógica; constituem uma exposição daquilo que podemos externar como pensamento organizado e, portanto, passível de ser colocado em debate de forma objetiva.

Atividades de autoavaliação

1. Considere as proposições simbolizadas de acordo com a convenção a seguir e analise o enunciado apresentado na sequência. Depois, assinale a alternativa que corresponde à função correta:

A = Os Estados Unidos aceitam o acordo.
B = O Brasil busca a negociação.
C = A América Latina organiza o encontro.
D = A França comparece ao evento.

Se os Estados Unidos aceitam o acordo e o Brasil busca a negociação, então a América Latina organiza o encontro e a França comparece ao evento.

a) (A & B) => (C & D)
b) (A & B) <=> (C & A)
c) (C & B) => (A & B)
d) (B & A) => (A & B)

2. Se a proposição (A & B) é verdadeira, qual é a alternativa correta?
   a) A é verdadeira.
   b) B é falsa.
   c) A é falsa.
   d) A pode ser falsa ou verdadeira.

3. Se a proposição (A <=> B) é verdadeira, qual é a alternativa correta?
   a) A é verdadeira.
   b) B é falsa.
   c) B é verdadeira.
   d) A pode ser falsa ou verdadeira.

4. Se a função (A v B) é verdadeira, qual é a alternativa correta?
   a) A é verdadeira.
   b) B é falsa.
   c) A é falsa.
   d) A pode ser falsa ou verdadeira.

5. Se a função (A v B) é falsa, qual é a alternativa correta?
   a) A é verdadeira.
   b) A é falsa.
   c) B é verdadeira.
   d) A pode ser falsa ou verdadeira.

Atividades de aprendizagem

Questões para reflexão

1. As tabelas de verdade proporcionam uma avaliação bastante clara de muitas ligações entre os enunciados lógicos. Argumente a favor do uso das tabelas de verdade.

2. Argumente contra o uso das tabelas de verdade.

Atividade aplicada: prática

1. Estabeleça um debate em grupo que expresse por que a matemática não é uma tautologia completa e muito menos um "tipo" de redundância formalizada em regras com letras e números. Isso significa encontrar argumentos para que a matemática seja considerada uma disciplina que promove conhecimento, inclusive a lógica.

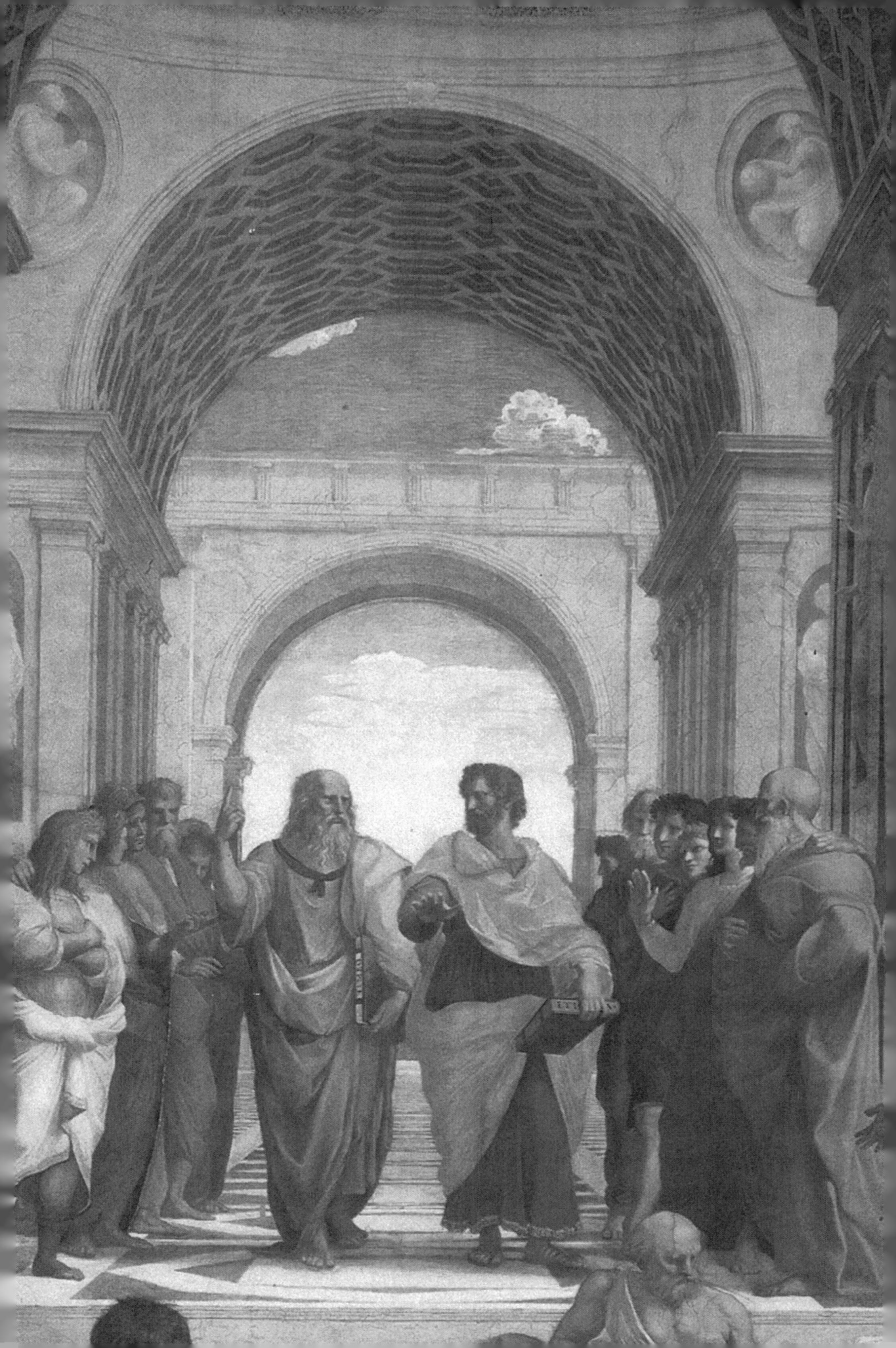

5

Sobre a questão da verdade e a lógica

No início deste capítulo, veremos como o pensamento aristotélico contempla muitas situações da argumentação na forma de discurso escrito ou falado, do senso comum ou acadêmico. De maneira geral, examinaremos princípios que devem ser seguidos sempre, entendidos como pilares da racionalidade. Trata-se dos três princípios da lógica aristotélica, algo fundamental para verificar se um enunciado contém algum absurdo ou não. Aristóteles enunciou seus princípios há séculos e até hoje são um guia para avaliarmos se aquilo que é discutido em forma de enunciado merece alguma credibilidade.

Além disso, é necessário debater o tema da verdade, tão caro aos estudos filosóficos. De certo modo, a verdade ocupa um estatuto de maior relevância porque estabelece o discernimento que temos em dizer algo verdadeiro ou falso. Sim, de fato somos tomados por essa questão que percorre todos os nossos enunciados. A verdade se apresenta como um resultado que buscamos diariamente e, por isso, iremos discuti-la brevemente neste capítulo, de forma a situar a maneira como tratar a questão sob algumas perspectivas, devendo ficar claro que não há apenas uma forma de se envolver com o tema da verdade. Sim, a verdade não é única, mas, como veremos, é um requisito fundamental para o discurso racional. Então, o leitor notará que a lógica nos garante a inspeção da relação correta que buscamos entre os enunciados. Se estes dizem algo sobre o mundo, será uma questão para a epistemologia, o que é tema relacionado à verdade.

A busca pela verdade se constitui numa investigação pela justificação para o estabelecimento da crença. Então, ao apresentarmos a verdade como uma preocupação intimamente relacionada com a lógica, trazemos amiúde alguns programas de pesquisa para o entendimento da questão.

5.1
Princípios do pensamento lógico

Em relação aos princípios que direcionam a lógica como uma ciência e, também, muito daquilo que se pensa como o exercício do bom raciocínio, eles são três. É preciso reconhecê-los como fundamentos para a correção do pensamento, uma das tarefas da lógica. Além disso, eles formam a base do que se denomina *raciocínio dedutivo*. A dedução é parte fundamental das operações lógicas que exercemos em qualquer discurso que tenha pretensão de verdade, no sentido mais forte da palavra. Tradicionalmente, são chamados de *princípio de identidade*, *princípio de contradição* (ou *princípio de não contradição*) e *princípio do terceiro excluído*.

Princípio de identidade

Conforme o princípio de identidade, se um enunciado afirma que algo é verdadeiro, então é verdadeiro. Em outras palavras, "uma coisa é o que é". Se algo é o que é, certamente não é algo diferente do que é.

De forma simbólica, esse pricípio pode ser escrito do seguinte modo:

$$P => P$$

Princípio de contradição

De acordo com o princípio de contradição, nenhum enunciado pode ser verdadeiro e falso ao mesmo tempo, ou seja, é impossível algo ser e não ser simultaneamente e do mesmo modo. Então, duas proposições estão em contradição se ambas são verdadeiras, mas uma contradiz a outra; dessa forma, não podem ser verdadeiras simultaneamente a respeito dos mesmos argumentos sobre os quais versam.

A representação simbólica desse princípio pode ser feita com a seguinte expressão:

$$P \ \& \sim P$$

Princípio do terceiro excluído

Não há uma situação intermediária entre o ser e o não ser. Isso revela a lógica de raciocínio que exercemos sobre eventos, por exemplo, mas é indicador de algo que age com bom senso sobre nossos raciocínios, ou seja, pode colocar a questão da verdade em discussão. Segundo o princípio do terceiro excluído, então, não há um estágio de meio-termo para os fenômenos.

A representação simbólica desse princípio é assim expressa:

$$P \vee \sim P$$

Esses princípios regulam e direcionam muito daquilo que apresentamos nos capítulos anteriores como necessário para a elaboração do bom raciocínio; na realidade, são os fundamentos teóricos da lógica aristotélica. Se ferirmos algum desses princípios, estaremos prestes a ingressar em território de menor grau de racionalidade. O que deve ficar claro é que não se trata de três regras rígidas, mas de princípios norteadores da razão.

5.2
Digressões sobre a verdade

A *questão da* verdade permeia as discussões em lógica. De fato, o leitor mais atento sempre se pergunta sobre a verdade de uma proposição aqui e ali. Toma-se como ponto de partida o discurso do senso comum, que tem grande preocupação com a justificação das crenças, e isso é parte da epistemologia. No entanto, a lógica faz uma fronteira com algumas preocupações da teoria do conhecimento. Cabe aqui apresentar a questão da verdade de modo que sirva como esclarecimento para essa relação entre a verdade, a lógica e a epistemologia.

Vários problemas em filosofia resultam da dificuldade que existe em compreender o que é a verdade. Há algum receio, negligência ou descaso quando se trata de abordar a questão porque, de fato, ela é espinhosa. Muitos pensadores a responderam, por sua vez, de acordo com o próprio estilo e, dada a relevância dos apontamentos de cada um, encontra-se um panorama bastante diversificado para os problemas intelectuais. O que isso quer dizer? Simplesmente que a resposta não pode ser oferecida de maneira concisa; não há uma resposta perfeita para o problema da verdade, mas a lógica, a epistemologia e a filosofia da linguagem apresentam o conceito de verdade como o fio condutor de um emaranhado de ideias que merece, pelo menos brevemente, ser examinado.

5.2.1 Algumas teorias da verdade

Alguns filósofos escrevem sobre a verdade de forma a mostrar que seus adversários (outros filósofos, geralmente) tiveram uma compreensão diferente a respeito. Podemos aqui, nos limites daquilo que esta obra se propõe a alcançar, buscar alguma resposta às três questões relacionadas com o problema filosófico da verdade:

1. Qual é, exatamente, o problema filosófico da verdade?
2. Quais são as questões a que uma teoria da verdade deve responder?
3. O que uma teoria da verdade deve cumprir?

Primeiro é preciso apresentar alguns dos objetivos que os filósofos tiveram para as próprias teorias da verdade ou supuseram que outros tiveram para as deles. Eles tentaram responder aos seguintes questionamentos*:

- O que é a verdade?
- O que significa algo ser verdadeiro?
- O que se entende por *verdadeiro* e *falso*?
- Como encontrar um critério de verdade?
- Como usar o conceito de *verdade*?
- Quais são os critérios de evidência?

---

* Todas as questões seguem o modelo apresentado por Kirkham (2003).

- É possível mostrar que a verdade de uma sentença depende de sua estrutura?
- Quais são as condições **necessárias** e **suficientes** para a verdade de uma sentença?

Há também uma discussão a respeito de que coisas, objetos ou fenômenos podem ser verdadeiros ou falsos. Crenças, proposições, afirmações? Quais adquirem o caráter de verdade? Há alguns problemas a serem esclarecidos.

O primeiro deles trata da imprecisão, porque muitas respostas a essas questões são vagas. Outro é a ambiguidade: algumas respostas obtidas podem ser entendidas de várias maneiras, o que dificulta a compreensão. Em terceiro lugar, como certas palavras podem ser usadas para descrever diferentes respostas, também pode ocorrer de algumas tentativas de responder a essas questões se confundirem como se fossem o mesmo programa de pesquisa, o que também traz muitas dificuldades para identificar e examinar o projeto de verdade de cada filósofo. Por último, há teóricos com mais de uma resposta como programa filosófico; eles buscam oferecer uma teoria da verdade para responder a duas questões diferentes ou realizam dois projetos distintos. Portanto, para resolver essa "confusão", é preciso investigar algumas possibilidades até que ocorra uma situação favorável para se adaptarem os diversos projetos de pesquisa sobre a verdade, de forma a ficar claro que se trata de um ou outro pensador que afirmou isso ou aquilo sobre a verdade.

É importante aqui conceituarmos, ainda que de modo breve, três projetos diferentes: o dos **atos de fala**, o **metafísico** e o da **justificação**. No entanto, antes precisamos esclarecer os conceitos de *extensão* e *intensão*.

Desde o trabalho *Sobre o sentido e a referência*, de 1892, de Gottlob Frege (1848-1925), diz-se que o significado de uma expressão tem dois componentes: sentido e referência. O primeiro é comumente entendido como **conotação** ou **intensão** da expressão; a referência é chamada de

denotação ou **extensão** da expressão. A extensão é o objeto ou conjunto de objetos referidos, indicados pela expressão. Por exemplo, a extensão de "Gottlob Frege" é um estudioso alemão da virada do século XX; a de "a estrela da manhã" é certo planeta, no caso, Vênus.

Então, podemos perguntar pela extensão do predicado "é verdadeiro", o que pode ser identificado, de forma trivial, como o conjunto de todas as coisas verdadeiras, mas isso é circular. Em alguns casos, podem ser listados todos os objetos que são componentes da extensão; entretanto, quando o número de componentes é infinito, a tarefa fica bem difícil. Ela se torna a busca por descrever todos os objetos do conjunto de todas as coisas verdadeiras e de forma não repetitiva; chamamos isso de *projeto extensional*.

Cabe enfatizar que duas expressões distintas podem ter a mesma extensão, o que significa que o conjunto constituído unicamente pela estrela da manhã e outro conjunto constituído pela estrela da tarde são, de fato, conjuntos idênticos. Existe apenas um planeta considerado nesse exemplo e, portanto, somente um conjunto. Assim, as extensões de "a estrela da manhã" e "a estrela da tarde" são idênticas. São dois nomes para o mesmo planeta. Eles são **extensionalmente equivalentes**. Tal equivalência explica o significado de um termo, o que não consiste em descobrir uma expressão que signifique a mesma coisa.

Além disso, mais quatro considerações sobre equivalência extensional devem ser feitas, a saber:

1. Duas expressões extensionalmente equivalentes não precisam ter o mesmo grau de complexidade sintática. O predicado simples "é um cidadão brasileiro", por exemplo, é extensionalmente equivalente ao predicado disjuntivo "nasceu no território brasileiro e não foi naturalizado em nenhum outro país", ou "é filho de

cidadãos brasileiros e não foi naturalizado em nenhum outro país", ou "naturalizou-se brasileiro".

2. Se um indivíduo ter nascido em território brasileiro e não ter sido naturalizado em nenhum outro país é uma condição suficiente para ser cidadão brasileiro, porque uma pessoa com a primeira característica também tem a última, mas não é uma condição necessária para ser cidadão brasileiro, porque alguns cidadãos brasileiros não nasceram em território brasileiro, então, se observarmos de outro modo, alguém só será considerado cidadão brasileiro se tiver nascido em território brasileiro, for filho de cidadãos brasileiros ou tiver sido naturalizado brasileiro. A disjunção dessas três condições é uma condição necessária para a cidadania brasileira.

3. Quando fixamos a extensão de dado termo, por exemplo, "é x", podemos descobrir que há várias maneiras de fazê-lo, há mais de uma expressão extensionalmente equivalente, portanto mais de uma lista de condições individualmente necessárias e suficientes para algo ser.

4. Quando dois termos são extensionalmente equivalentes, certas sentenças nas quais eles aparecem mnatêm entre si uma interessante relação lógica: se "Alan tem coração" é verdadeiro, então "Alan tem fígado" também é verdadeiro.

Alan tem coração => Alan tem fígado.

Isso significa que há uma **implicação material** (=>). Disso se segue que:

Alan tem fígado => Alan tem coração.

Ou seja, são afirmações materialmente equivalentes, o que também torna verdadeira a afirmação:

> Alan tem fígado <=> Alan tem coração.

Como mencionamos, devemos considerar também outro componente do significado de um termo: o sentido, que se refere à conotação ou intensão do termo. Dito de forma generalizada, é o conteúdo informacional da expressão, distinto do conjunto de objetos denotados pela expressão.

A intensão de "a estrela da manhã" pode ser dita "a estrela visível ao alvorecer", mas a intensão de "a estrela da tarde" é "a estrela visível ao pôr do sol"; portanto, apesar de "a estrela da manhã" e "a estrela da tarde" serem proposições extensionalmente equivalentes, **não são intensionalmente equivalentes**, pois carregam informações diferentes. Desse modo, como a intensão é um componente do significado, as duas expressões não significam a mesma coisa. Isso implica diferenças bastante óbvias entre as seguintes orações: "Ele acordou com a estrela da manhã" e "Ele acordou com a estrela da tarde".

A tarefa de descobrir o conteúdo informacional, a intensão, do predicado "é verdadeiro" é chamada de *projeto assertivo*. Essa é uma subdivisão do projeto dos atos de fala. O projeto extensional é a busca por uma expressão extensionalmente equivalente a "é verdadeiro", e o projeto assertivo é a busca por uma expressão intensionalmente equivalente a "é verdadeiro".

Aqui devemos considerar a seguinte regra universal: **se dois termos são intensionalmente equivalentes, então eles são também extensionalmente equivalentes**.

Os termos intensionalmente equivalentes podem afirmar outra ligação lógica, mais forte, entre as sentenças em questão, que não poderiam ser afirmadas se eles fossem tomados apenas como extensionalmente equivalentes. Essa conexão significa que os termos têm uma **implicação**

essencial e é expressa quando se coloca a palavra *necessariamente* antes da asserção da implicação meramente material. Podemos chamar a relação de equivalência entre duas asserções de **equivalência essencial**. Mas em que isso difere da implicação essencial?

A melhor maneira de explicar o significado de *necessariamente* é com a utilização do conceito de *mundo possível*. Não existe mundo possível no qual ocorra algo logicamente impossível. Há limites para a suposição de que o mundo real poderia ter sido diferente do que é. Podemos definir uma coisa (ou evento) impossível como uma coisa que não existe nem no mundo real nem em nenhum mundo possível. Para simplificar, devemos adotar como um dos mundos possíveis o mundo real. Então, um evento impossível não acontece em nenhum mundo possível. Um evento **necessário** ocorre em **todos** os mundos possíveis.

Assim, a palavra *necessariamente* pode ser traduzida como "em todos os mundos possíveis". Dessa forma, duas sentenças são essencialmente equivalentes quando, em todo mundo possível, cada uma tem o mesmo valor de verdade que a outra.

Devemos observar também que, se duas sentenças são sinônimas, isto é, intensionalmente equivalentes, elas mantêm a relação lógica chamada de *equivalência essencial*. O contrário não acontece. Por exemplo: "3 + 2 = 5" e "40 − 6 = 34" são essencialmente equivalentes.

O projeto assertivo é a busca por uma sentença intensionalmente equivalente a "x é verdadeiro"; a busca por uma sentença extensionalmente equivalente a "x é verdadeiro" consiste no projeto extensional. A tentativa de encontrar uma sentença essencialmente equivalente a "x é verdadeiro" é chamada de *projeto essencialista*.

Já a busca por uma sentença que seja naturalmente equivalente a "x é verdadeiro" é denominada de *projeto naturalista*. Objetos, eventos ou fenômenos naturais e de existência possível podem acontecer em algum mundo possível – pelo menos um.

> *Análise filosófica*
> Quando analisam um termo, como "ação moralmente correta", os filósofos pretendem fornecer uma análise intensional, extensional ou um dos dois tipos que estão entre elas? Infelizmente, temos de aceitar que grande parte deles não expõe claramente os tipos de análise que segue em seus pensamentos ou escritos. Isso torna difícil entender a questão, porque a diferença entre os vários tipos de análise se faz relevante.

5.2.2 Principais projetos e suas subdivisões

A verdade pode ser entendida mediante a adoção de um programa de pesquisa adequado ao estudo das características presentes em cada investigação. Essa implicação fica clara quando o conteúdo a ser avaliado é apresentado e a teoria empregada para encontrar a verdade é exibida como a ferramenta que podemos usar para inferir uma justificação adequada ou, em certo sentido, mais forte que isso.

Tais programas de pesquisa são chamados de *projetos*. Conforme Kirkham (2003), há três projetos de teorias da verdade:

1. **Projeto metafísico**: busca encontrar em que consiste a verdade, o que significa uma afirmação ser verdadeira.* Esse projeto tem três ramos:

---

*   O projeto semântico não pode substituir o projeto assertivo, pois teorias semânticas da verdade são tentativas de realizar o projeto metafísico. Da mesma forma, teorias epistemológicas da verdade também se revelam como tentativas de realizar o projeto metafísico.

a) **Projeto extensional**: busca as condições necessárias e suficientes para uma afirmação integrar o conjunto de afirmações verdadeiras.

b) **Projeto naturalista**: procura os casos que, para um mundo natural e possível, sejam individualmente necessários e conjuntamente suficientes para uma afirmação ser verdadeira em tal mundo.

c) **Projeto essencialista**: visa identificar as condições que, em qualquer mundo possível, sejam individualmente necessárias e conjuntamente suficientes para uma afirmação ser verdadeira em tal mundo.

2. **Projeto da justificação**: identifica parte das afirmações verdadeiras e parte das afirmações falsas para a verdade ou a falsidade ser julgada.

3. **Projeto dos atos de fala**: busca descrever declarações que parecem ter a propriedade de verdade.

    a) **Projeto do ato ilocucionário**: visa descrever o que fazemos quando algo é declarado.

    b) **Projeto assertivo**: pressupõe que as declarações têm um propósito resultante da ação de emiti-las.

Os filósofos ou pensadores em geral se ocupam da verdade como um problema diferente da questão da validade das proposições, como vimos. No entanto, aqui é preciso entender que, se a verdade pode ser apresentada por diversos programas de pesquisa, o outro lado da questão está na capacidade de a lógica – e não existe apenas um tipo dela – indicar as regras claras para a inferência na busca pela verdade. Tal conteúdo, a verdade, não pode existir sem os critérios universais que a lógica propõe, pois suas regras fazem parte de qualquer mundo em que contemplemos algum tipo de existência.

5.3
Inferência abdutiva

A *inferência pela* melhor explicação (doravante IBE, sigla em inglês de *Inference to the Best Explanation*) é o procedimento presente na escolha de hipóteses ou teorias* que expliquem melhor os dados disponíveis. Os fatores que tornam uma explicação melhor que outras podem incluir profundidade, compreensão, simplicidade e poder de unificação. De acordo com Harman (1965), a inferência explicativa tem um papel central para o conhecimento produzido no cotidiano e no pensamento científico.

Entretanto, como consequência da adoção de tal postura epistemológica, há o problema da justificação da IBE. Se ela for legítima, então uma pessoa que a utilizar como critério estará autorizada a aceitar determinada hipótese quando encontrar padrões mínimos e considerar certos dados relevantes, o que deverá explicar os dados melhor que qualquer outra hipótese disponível. No entanto, quando se faz uma inferência fundamentada em um conjunto de evidências, o objetivo é chegar mais longe ou ter uma compreensão maior da verdade. A IBE tem, portanto, esse objetivo de avançar somente se a satisfação por uma explicação desejada tornar uma hipótese cada vez mais próxima da verdade. O problema é que as virtudes explicativas (como ampliação ou simplicidade das teorias) e a verdade surgem sem estar relacionadas entre si.

Há vários argumentos que os defensores da IBE utilizam para responder às críticas de modos variados:

---

* Essa divisão entre hipóteses e teorias é, provavelmente, o primeiro ponto de dissonância não considerado por muitos filósofos. Aqui estaria a distinção que possibilitaria à IBE aproximar-se da abdução, mas apenas a IBE horizontal.

- É possível negar que a verdade é o objetivo da investigação.
- É possível negar que o objetivo da investigação é unicamente reunir um conjunto de verdades.
- As melhores explicações são as mais testáveis por um corpo de dados inferior a elas.

Nesse sentido, consideremos um exemplo para ligar simplicidade e testabilidade. Suponhamos que uma hipótese H seja capaz de explicar dado fenômeno decidindo-se por um mecanismo A, ao passo que a hipótese concorrente H* considera o mesmo fenômeno ao optar por uma ação conjunta dos mecanismos B e C. A hipótese H mais simples será prontamente testada porque se necessita de uma evidência para apoiar somente uma suposição (a de que "A funciona"), em vez de duas (a de que "B e C também funcionam"). Uma dificuldade aqui é que se poderia apenas dizer que H é menos testável do que H*, pois H* pode não ser confirmada ao se encontrar evidência contra qualquer uma de suas componentes. Friedman (1983) e outros autores argumentam com maior sofisticação e plausibilidade que:

- hipóteses explicativas são as que unificam os dados;
- para a extensão de que as hipóteses participam em muitas formas, unificando a relação entre os dados, elas são profundamente expostas ao teste por aqueles dados, por isso explicações superiores são mais fortemente confirmadas pelas observações e podem ter melhores reivindicações ao estatuto de verdade.

Devemos levar em conta também a relação da IBE com a indução enumerativa, visto que há o caráter ampliativo na primeira. A conclusão que se tem não é um mero resumo de dados que podemos considerar. É possível chegar à crença em algo além daquilo que é explicado pelos dados, e o padrão de inferência que amplia o conhecimento é chamado de *indução enumerativa*, a extrapolação de regularidades observadas para generalizações ou conclusões sobre casos particulares não observados.

Assim, é possível obter outra posição crítica:
- Não existe de fato nenhuma conexão lógica entre a satisfação de critérios e verdades explicativas.

Contudo, essa lacuna não prejudica a legitimidade da IBE. Porém, esta última posição não estabelece que a IBE tenha algo para se recomendar. O resultado seria mais confiável se a IBE não se aproximasse da indução enumerativa. Harman (1965) argumentou fortemente que a indução enumerativa é uma IBE (pelo menos implicitamente). Se for possível aceitar tal interpretação, a legitimidade que se concede à indução não poderá ser inteiramente negada para a IBE.

Uma dificuldade para esse tipo de posição é que possivelmente são feitas inferências indutivas que não servem para explicar o que se observa. Existe, também, algo sugestivo sobre a noção de que a IBE é uma parte da indução enumerativa.

Podemos supor que a IBE favorece a formação de hipóteses mais simples. A extrapolação indutiva de regularidades observadas em diversos tempos e lugares também exibe uma preferência metodológica por certos tipos de uniformidade ou simplicidade. Esse aspecto é realçado por vários outros casos que podem igualmente ser tratados como exemplos de inferência explicativa ou indução enumerativa. Vamos supor, por exemplo, que encontramos a dependência funcional entre duas variáveis X e Y após a coleta de dados, como os seguintes pares ordenados: (1, 1), (2.5, 2.5) e (5, 5). É natural presumir que a função seja linear, portanto do tipo $X = Y$, representando uma linha reta que passa através dos pontos obtidos.

Então, ao chegarmos à conclusão de que $X = Y$, podemos pensar em uma simples extrapolação dos dados, ou seja, uma indução enumerativa.

Isso significa que vale para todos os pontos que se encontram nessa reta e é possível ajustar a ela quaisquer pares ordenados obtidos, como aqueles apresentados anteriormente.

Há, todavia, outros modos de obter curvas que passam pelos mesmos pontos obtidos (por exemplo, uma função senoidal igual a $Y = sen\ (2\pi X) + X$. A escolha da linha reta ligando os pontos é algumas vezes citada como um caso paradigmático de IBE; seria uma opção pela hipótese mais simples ao se considerarem os dados (aqui seria pela curva ou função mais simples, que é a reta obtida com os dados obtidos). Se os casos de ajustes de curvas oferecem motivos para pensarmos que a indução enumerativa, possível de aplicar na obtenção de outros valores além dos coletados, e a IBE se unem ou se sobrepõem, os críticos seriam incapazes de aceitar isso integralmente, ao passo que outros rejeitariam a ideia veementemente.

No entanto, o ponto ao qual chegamos é que as inferências explicativas fazem surgir grandes dúvidas sobre como usá-las para fundamentar entidades teóricas inobserváveis. A preocupação parece estar no fato de que a teoria está subdeterminada pela evidência, ou seja, é possível formulá-la sobre entidades inobserváveis e considerar um conjunto de evidências e também muitas outras teorias indefinidamente. A IBE selecionaria uma teoria entre tantas que estivessem corretas e encontraria a melhor, segundo os critérios de adequação explicativa. Como se verifica, porém, que essa escolha pode ser a correta? As teorias candidatas precisam concordar com as observações e as previsões e, então, nenhuma evidência poderá esclarecer.

Há indícios de que existe alguma reserva para o uso da IBE em contextos teóricos que aumentam a possibilidade de que os valores explicativos e a verdade podem apresentar divergências. Assim, se IBE conduzir a escolha para algum desencaminhamento teórico, será difícil descobrir o erro gerado pela observação. Uma resposta para essa preocupação foi dada por Reichenbach (1938), que acreditava ser legítimo fazer a opção por uma escolha mais simples, como o caso das curvas citado anteriormente. Contudo, ele estabeleceu que, se essa legitimidade fosse aceita, seria somente quando a escolha pudesse ser testada pelos pares ordenados obtidos da curva em confronto com a observação. Desse modo, seria possível restringir o uso da IBE para contextos não teóricos.

Outra resposta dada pelos defensores da IBE é a de torná-la mais ambiciosa. Boyd (1990) ressaltou que as ciências têm mantido, pelo menos historicamente, uma impressionante convergência entre as teorias, e é possível perceber isso quando observamos que teorias que sucedem outras apresentam uma tendência a conservar algum conteúdo das rivais predecessoras. Então, se a IBE tem um amplo papel na atuação da seleção entre as melhores teorias, o problema da convergência fornece evidências de que a IBE conduz ao problema da verdade, mesmo que de forma teórica.

Esse tipo de crítica tem dividido opiniões. Uma objeção comum é feita para legitimar a proposta de que a IBE não seria circular, bem como aquela segundo a qual esse tipo de critério conduz, de modo confiável, à verdade. Assim, os defensores do argumento da melhor explicação negam que essa circularidade seja passível de receber uma objeção. E há ainda para ser analisada mais adiante a oposição lançada por Van Fraassen (1978) sob a perspectiva bayesiana ou probabilista.

A forma de apresentação da IBE no discurso comum (se é possível identificar sua presença nele com alguma facilidade) tem uma proximidade com a construção de hipóteses ou inferência abdutiva de

Charles Sanders Peirce (1839-1914), a abdução*, e essa aproximação encontra limites que podem ser abordados como uma investigação que tangencia aspectos favoráveis à epistemologia e à lógica.

No entanto, antes dessa discussão, devemos apresentar como é possível entender a IBE e compará-la com a inferência abdutiva. Podemos resumir a IBE do seguinte modo:

1. *A* é a descrição de algum fenômeno.
2. Se de um conjunto *E1, E2, ..., En* de explicações capazes de esclarecer *A* temos E1 como a melhor explicação de acordo com critérios corretos para a escolha entre tantas explicações potenciais, então existe grande chance de que:
3. *E1* seja a explicação do fenômeno estudado.

Esse seria um princípio de raciocínio que se segue sempre que concordamos que o resultado de uma análise nos faz escolher por aquela que aceitamos como a melhor, a mais correta e, principalmente, a verdadeira.

Tudo isso é análogo a outra forma de argumentação bastante conhecida, que pode ser assim ilustrada:

> A maioria das pegadas de tais e tais tipos é produzida por seres humanos.
> Eu encontro algumas pegadas.
> Portanto, essas pegadas foram produzidas por seres humanos.

---

* A propósito, Thagard (1978) considerou que a distinção entre o método cartesiano e o de Peirce não seria tão brutal. Além disso, apontou outros autores além de Descartes como precursores da IBE, sem contar Peirce e Whewell: Hartley e Leibniz. O que Thagard não observou foi que Peirce tentou desmontar o conceito de intuição cartesiana, que é diferente da intuição peirceana presente na abdução, e isso não quer dizer que Peirce tenha se preocupado em atacar todo o sistema cartesiano. Ele acreditava apenas que a intuição era o alvo principal a ser criticado.

Com esse simples exemplo, é possível inferir que, se algumas pegadas são encontradas na areia da praia, elas foram feitas por alguém que passou por ali. Esse tipo de argumento é chamado por Peirce (2008) de *hipótese* ou *abdução*. Mas a abdução é um argumento legítimo?

Para garantir essa legitimidade, seria preciso um modelo argumentativo mais sofisticado, pois esse tipo de raciocínio exige um critério de escolha entre as explicações alternativas*, e é importante que não seja fundamentado em um argumento indutivo disfarçado. Entretanto, de fato, há uma ambiguidade no conceito de melhor explicação. Para concluir sobre a verdade ou a falsidade de certa explicação, seria mais correto dizer que aquela explicação em questão é mais provável que todas as outras. Esse tipo de análise levaria a muitos modelos para averiguar, pois vários seriam candidatos a satisfazer as exigências formais de uma explicação, o que seria bastante complicado. Assim, chegaríamos, de algum modo, a uma avaliação de forma que teríamos de voltar a analisar cada caso, o que, por sua vez, seria a aplicação de uma indução.

Contudo, as virtudes esperadas para os argumentos – tais como **simplicidade, poder explicativo** e **familiaridade** com explicações aceitas – são critérios que poderiam ser usados entre explicações alternativas. E, se há como descobrir que estes são verdadeiros, por que seria possível pensar que a IBE conduz à circularidade presente nos raciocínios indutivos?

A saída está na posição peirceana se for aceito que a inferência indutiva produz algum conhecimento, alguma certeza, quando se infere sobre

---

* Podemos nos lembrar do interessante exemplo de Fumerton (1993) que se refere analogamente ao resultado anterior: 1) Há pegadas na areia; 2) Se vacas usando botas caminharam na praia, esperar-se-ia que se encontrassem tais pegadas. Portanto, existe alta probabilidade de que: 3) Vacas vestidas com botas caminharam na praia (o que nos confere um resultado bastante tolo!).

determinado fenômeno. Isso porque, para Peirce (2008), a abdução é o passo necessário para adotar uma hipótese sugerida pelos fatos. Trata-se, segundo ele, de um tipo de raciocínio obtido como primeiro passo em direção à escolha do caminho a ser seguido. Seria a cognição predecessora, a "raiz" de uma hipótese segura quando levantada uma questão. Pode levar à apreensão de uma evidência que possibilita a escolha da rota de acordo com a qual uma teoria ou hipótese é válida, pelo menos provisoriamente. Portanto, também preserva racionalidade. Não se trata de um "chute", uma mera opinião. Esse é o caráter da inferência abdutiva e da IBE. Nesse ponto, as duas formas de explicação se aproximam, mas são diferentes na certeza que tentam produzir inicialmente como critérios de descoberta para a pesquisa. Afinal, elas orientam a passagem da dúvida à crença, porém a primeira é mais explicativa no sentido admitido por Peirce (2008) de que é intuitiva* para colaborar na explicação, ao passo que a segunda é mais ampliativa porque se apresenta como um critério de escolha entre tantas teorias ou hipóteses.

Devemos considerar que a inferência abdutiva apresenta um caráter falível e não pode ser tomada como certeza. Está bastante capacitada a explicar as situações vividas no cotidiano, mas a IBE tampouco se inscreve nesse tipo de preocupação. Ocorre aí o erro comum de se apontar uma como semelhante à outra. Se fizermos um exame mais minucioso sobre a natureza do pensamento abdutivo e da IBE, verificaremos que,

---

*   É importante lembrarmos que Peirce rejeitou a intuição como porto seguro, origem ou ponto de partida infalível, pois, para ele, qualquer pensador que tomasse a intuição como pressuposto seria cartesiano. A faculdade instintiva da abdução apresenta semelhanças com a intuição.

ao aplicarmos a primeira, é provável que exista um critério confiável no futuro para se avaliar novamente a rota seguida. O segundo tipo de inferência, por sua vez, produz uma avaliação que segue a prática comum da realizada na inferência indutiva, ou seja, leva a uma análise constante dos dados de modo comparativo aos anteriormente obtidos.

A inferência abdutiva pode oferecer uma alternativa à compreensão do processo cognitivo que temos ao escolher uma forma de raciocínio em detrimento de outra. Ela pode apresentar critérios para justificar, de modo mais brando, é claro, o caminho seguido para realizar uma inferência a fim de chegar a uma hipótese verdadeira. Trata-se de um tipo de raciocínio que confirma a capacidade humana de investigar acertadamente os fenômenos da natureza e indica que é possível inferir com grande grau de acerto sobre hipóteses, em particular na ciência.

A rota dos raciocínios que Peirce (2008) ofereceu pode adequar grande parte das hipóteses científicas. Para ele, um cientista realiza a observação de fenômenos ou uma investigação lógica (quando se trata de procedimentos meramente teóricos) e pode intuir na inferência inicial de suas buscas. Com a Figura 5.1, é possível ilustrar que Peirce (2008) demonstra que as inferências têm seu peso lógico no processo investigativo para obter a verdade sobre o que se pretende. Essa verdade apresenta um teor de generalização, pois sempre uma investigação pretende explicar e justificar mais que um caso observado. Nesse sentido, a generalização que se obtém com os raciocínios da abdução indica que a lógica da ciência é um caminho confiável a ser percorrido pelo conhecimento humano.

Figura 5.1 – Peirce: abdução (hipótese)

DEDUÇÃO

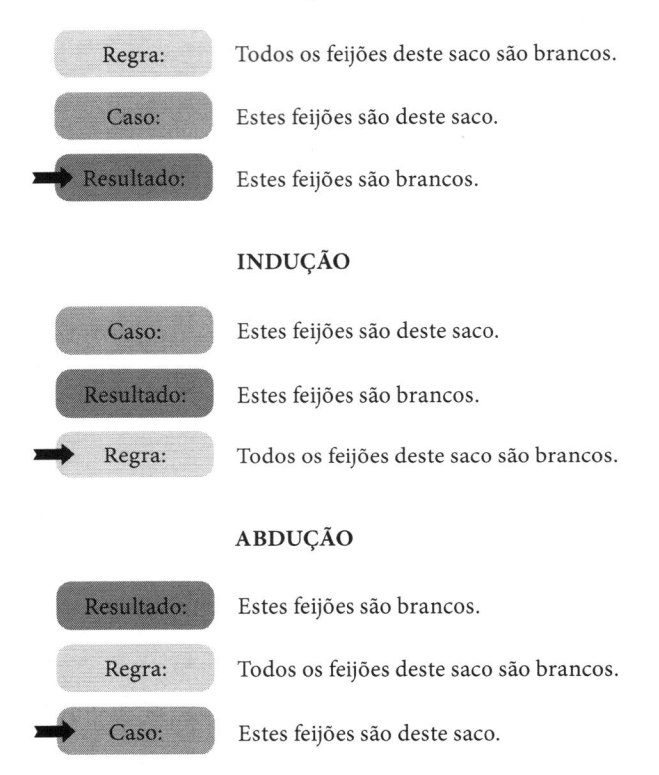

- Regra: Todos os feijões deste saco são brancos.
- Caso: Estes feijões são deste saco.
- ➡ Resultado: Estes feijões são brancos.

INDUÇÃO

- Caso: Estes feijões são deste saco.
- Resultado: Estes feijões são brancos.
- ➡ Regra: Todos os feijões deste saco são brancos.

ABDUÇÃO

- Resultado: Estes feijões são brancos.
- Regra: Todos os feijões deste saco são brancos.
- ➡ Caso: Estes feijões são deste saco.

Fonte: Elaborado com base em Kunzmann; Burkard; Wiedmann, 2007, p. 172, tradução nossa.

Da abdução passa-se à dedução e desta para a indução. O processo de descoberta que Peirce (2008) enfatizou como a expressão da investigação científica contempla níveis lógicos distintos. Como vimos ao longo deste texto, a dedução pode confirmar os valores de verdade ou falsidade por um tipo de raciocínio que generaliza os resultados de forma que vai do geral ao particular. Em contrapartida, a indução busca a confirmação de todos os casos a partir da observação (indício de que acolhe a experiência e, portanto, a subjetividade).

Peirce (2008) insistiu em afirmar que é desse modo que a ciência evolui e que podemos confiar na busca a que o conhecimento humano se propõe: avançar em direção a esclarecer o que a curiosidade humana apresenta como objeto de investigação, o mundo e seus fenômenos.

Podemos compreender melhor a Figura 5.1 se considerarmos o seguinte esquema:

> Abdução => dedução => indução

Peirce introduziu, assim, a noção de abdução como uma inferência que tem o rigor suficiente para que seja possível avaliar uma quantidade de fenômenos observados e deles tirar uma conclusão que pode tomar a forma da dedução. Consequentemente, o investigador terá possibilidades de reunir os casos observados positivamente e progredir nas investigações, ou seja, buscar mais casos que tenham a mesma lógica de raciocínio que inicialmente foi indicada pela abdução.

Síntese

De acordo com a lógica de Aristóteles, os princípios de identidade, de contradição e do terceiro excluído nos indicam os pontos fundamentais sobre as premissas e a conclusão no argumento. O pensamento deve se nortear por enunciados que não sejam absurdos e, consequentemente, seus limites aparecem com tais princípios, os quais não podem ser infringidos, pois haveria o risco de produzir um discurso vazio. Logo, as outras áreas do conhecimento também precisam atender ao chamado da lógica.

Isso significa que "o que é" tem de ser algo, ou seja, "o que é, é" atribui alguma definição para o termo enunciado. É preciso assumir algo possível de se dizer sobre um termo. *Cachorro*, por exemplo, diz respeito a mamífero de quatro patas, doméstico, com pelagem (geralmente) etc. O que é um cachorro não pode ser um termo que vale para gato, tartaruga, borboleta ou outro animal com apenas alguma semelhança. O princípio de identidade pede certa razoabilidade entre o que se diz sobre algo e aquilo que ele é de fato.

Não há dúvidas de que os outros princípios tenham também a mesma importância como pilares para o desenvolvimento de um bom pensamento. A construção de um bom argumento depende desses princípios. Para as inferências serem organizadas de forma legítima, os princípios devem ser seguidos.

Outro tema apresentado no capítulo foi o da verdade. Esperamos que tenha sido esclarecida a ligação que tem com a lógica no sentido de que abordamos os enunciados nas conversas mais ou menos formais com a intenção de emitir algo verdadeiro e não falso. Isso diz respeito ao objetivo de a linguagem enunciar algo sobre o mundo. Afinal, não fazemos o trabalho de argumentar sobre uma questão para dizer algo falso. Compreender que há múltiplas formas de tratar o tema da verdade significa mergulhar na imensa capacidade humana de oferecer formas de entendimento sobre aquilo que se diz.

Na parte final do capítulo, apresentamos outro modo de inferir, diferente do dedutivo e do indutivo. A inferência abdutiva pode esclarecer uma iniciativa que o pensamento humano tem de escolher um caminho de investigação pressuposto para buscar os raciocínios cada vez mais próximos da verdade; por sua vez, a hipótese passa a ter uma justificação adequada. Não se trata de encontrar a verdade, mas de caminhar para ela.

Atividades de autoavaliação

1. Leia com atenção a proposição a seguir e depois assinale a alternativa correta:

   Os princípios (identidade, contradição e terceiro excluído) da lógica aristotélica cobrem toda a área dos raciocínios.

   a) A proposição é verdadeira.
   b) A proposição é falsa.
   c) A proposição é parcialmente verdadeira, porque tais princípios não cobrem todos os tipos de raciocínios.
   d) Não há critérios para decidir a alternativa correta.

2. Leia com atenção a proposição a seguir e depois assinale a alternativa correta:

   A verdade é a preocupação fundamental da lógica.

   a) A proposição é falsa.
   b) A proposição é verdadeira.

c) A proposição é verdadeira, se e somente se a verdade for a única preocupação da lógica.

d) Não há alternativa correta.

3. Leia com atenção a proposição a seguir e depois assinale a alternativa correta:

Só existe um tipo de verdade.

a) A proposição é falsa.
b) A proposição é verdadeira.
c) A proposição é verdadeira, se considerarmos que verdade e validade são critérios iguais.
d) Não há alternativa correta.

4. Leia com atenção a proposição a seguir e depois assinale a alternativa correta:

Não há como determinar qual lógica entre as lógicas tem maior abrangência, pois isso depende do tipo de problemas que se deseja abordar.

a) A proposição é verdadeira.
b) A proposição é falsa.
c) A proposição é verdadeira para a lógica aristotélica.
d) Não há como determinar a alternativa correta.

5. Leia com atenção a proposição a seguir e depois assinale a alternativa correta:

Todo tipo de raciocínio exibe a questão da verdade e da validade.

a) A proposição é verdadeira.
b) A proposição é falsa.
c) A proposição é parcialmente verdadeira, porque verdade e validade são questões distintas.
d) Não há critérios para decidir a alternativa correta.

Atividades de aprendizagem

Questões para reflexão

1. Faça uma relação entre a questão da validade na lógica e a verdade na ciência. Você acredita que a validade e a verdade são aspectos que não podem faltar na ciência?

2. Aplique a noção de inferência abdutiva, como apresentada no texto, para conduzir o início de uma discussão que promova uma descoberta em forma de raciocínios cada vez mais complexos. Exemplo: a descoberta do modelo atômico no final do século XIX foi refinada cada vez mais pelos cientistas. Acredita-se que tudo teve início com alguma intuição que foi sofisticada cada vez mais para se chegar ao modelo de que se dispõe nos dias atuais.

Atividades aplicadas: prática

1. Elabore uma história policial semelhante aos casos do grande personagem Sherlock Holmes. Insira a ideia de inferência abdutiva como o passo inicial da investigação.

2. As chamadas *ciências duras* (física, química) contemplam diversas formas de pesquisa que nos dizem algo sobre o que é o mundo. Relacione uma delas com a matemática e explique o motivo de a correspondência ser um projeto de verdade possível nesse modelo.

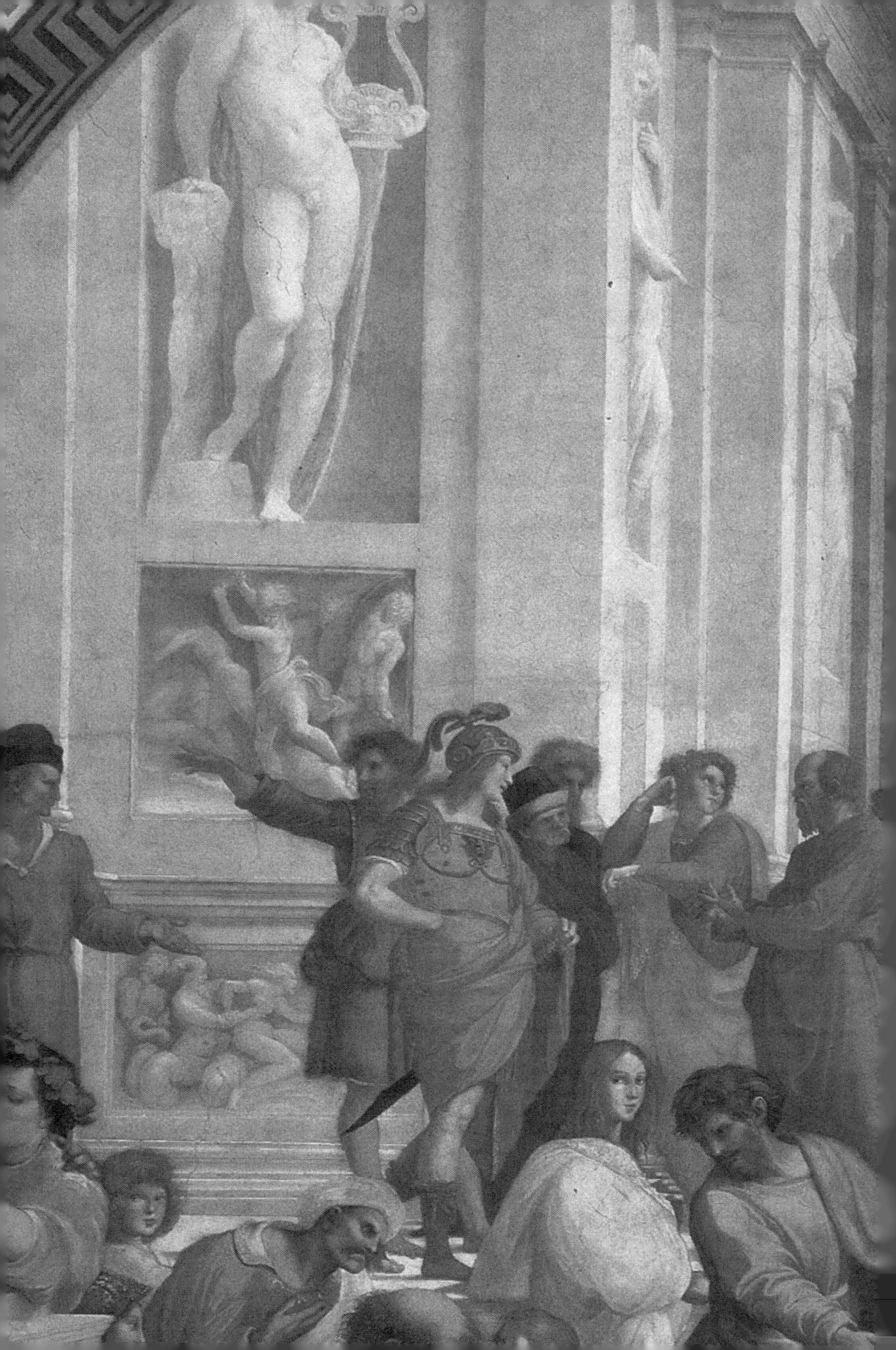

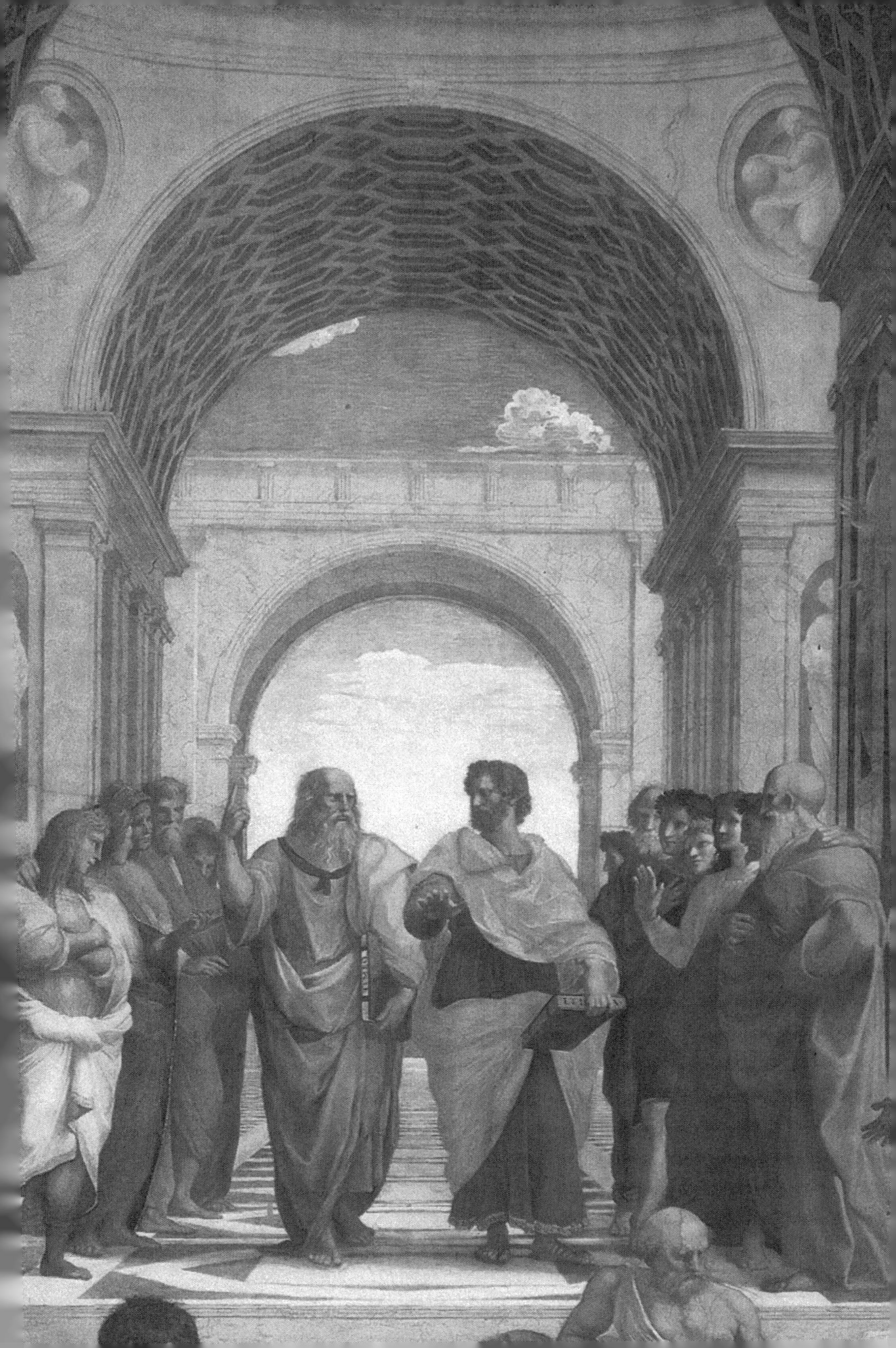

6
O método de
dedução natural

A dedução natural constitui-se em uma técnica diferente para trabalhar com a busca de resultados para a obtenção da conclusão dos argumentos, pois, de forma mais econômica, ela utiliza resultados previamente alcançados e sistematizados em regras. Assim, também é possível obter formas válidas por outro modo de dedução, no qual algumas etapas podem ser poupadas ou, pelo menos, não é forçoso construir tabelas de verdade muito extensas, como no caso de alguns argumentos.

É importante enfatizarmos que as regras não são de simples aplicação, visto que envolvem algum trabalho para inseri-las por meio da memorização e de alguma intuição na ordem da aplicação delas. No entanto, ao considerarmos que a validade pode ser encontrada, supomos ser de grande utilidade apresentar esse método. Para a verificação da verdade, podem ser usadas as chamadas *tabelas de verdade*, porém elas se tornam de difícil manuseio quando o número de variáveis, de acordo com o número de proposições do argumento, é muito grande. Existe um método mais eficiente para estabelecer a validade do argumento sem o trabalho exaustivo que é preencher as tabelas. Tal método é denominado de *dedução natural* porque permite usar inferências válidas demonstradas anteriormente. Elas são um "atalho" para verificar a verdade, visto que foram experimentadas e formuladas na forma de regras, como veremos.

O que se faz é deduzir a validade de um argumento de suas premissas para a conclusão. Isso exige uma sequência de raciocínios produzidos em etapas. Vamos exemplificar:

> Se Bentinho morreu, então foi para o Paraíso.
> Se ele foi para o Paraíso, então foi um bom cristão.
> Se ele foi um bom cristão, encontrou-se com o Criador.
> Bentinho não se encontrou com o Criador.
> Ou ele morreu, ou ele estava num sonho.
> Portanto, ele estava num sonho.

É preciso entender que há forte uso da intuição para se chegar à conclusão. De outro modo, pode ser feita a representação simbólica para acompanhar o raciocínio:

$$\begin{array}{l} A => B \\ B => C \\ C => D \\ \sim D \\ A \lor E \\ \therefore E \end{array}$$

Devemos observar que, se o argumento anterior fosse analisado por meio de uma tabela de verdade, pelo fato de ele conter 5 variáveis, teria 32 linhas. Para realizar as inferências como foram feitas nos argumentos anteriores e verificar a validade, podem ser usadas regras estabelecidas anteriormente. As **regras de inferência** na construção de formas válidas estão dispostas no Quadro 6.1.

Quadro 6.1 – Regras de inferência

1) *Modus pones* (**MP**) $A => B$ A $\therefore B$	2) Modus tollens (**MT**) $A => B$ $\sim B$ $\therefore \sim A$	3) Silogismo hipotético (**SH**) $A => B$ $B => C$ $\therefore A => C$
4) Dilema construtivo (**DC**) $(A => B) \& (C => D)$ $A \lor C$ $\therefore B \lor D$	5) Absorção (**abs**) $A => B$ $\therefore A => (A \& B)$	6) Silogismo disjuntivo (**SD**) $A \lor B$ $\sim A$ $\therefore B$
7) Simplificação (**simp**) $A \& B$ $\therefore A$	8) Conjunção (**conj**) A B $\therefore A \& B$	9) Adição (**ad**) A $\therefore A \lor B$

Vejamos um exemplo para entender o procedimento de aplicação das regras de inferência. Vamos considerar o seguinte argumento, adaptado de Nolt e Rohatyn (1991, p. 102):

> A proposta de auxílio está no correio. Se os árbitros a receberem até sexta-feira, eles a analisarão. Portanto, eles a analisarão porque, se a proposta estiver no correio, eles a receberão até sexta-feira.

Se forem atribuídas as variáveis C, S e A, teremos que a formalização do argumento é a seguinte:

```
1. C
2. S => A
3. C => S
4. A
```

Então, trata-se de provar como foi possível chegar à conclusão A.

Em primeiro lugar, é preciso lembrar que a notação aqui sofreu uma simplificação. Na linha (4) não há o sinal que a identifica como a conclusão, a saber, o *portanto* na forma de três pontos (∴). Não é preciso indicar que tal linha é a conclusão. Como é a última, sabe-se que ali está a conclusão, e todo trabalho de raciocínio dedutivo com as regras de inferência deve levar ao resultado provado pela aplicação das regras.

Aqui estão listadas as três primeiras linhas sobre as quais será feita a derivação:

1. C (É uma premissa.)
2. S => A (É uma premissa.)
3. C => S (É uma premissa.)
4. S (Esta linha foi acrescentada porque se deduz da (1) com a (3), por *modus ponens*. Então, foi deduzida das linhas (1) e (3) para a linha (4), que não existia antes.)
5. A (Esta linha, que é a conclusão a que devemos chegar, é a dedução de (2) e (4). Também foi possível chegar até ela pela aplicação da regra de inferência *modus ponens*.)

Então, chegamos ao resultado que queríamos provar pelo método de dedução natural, com a aplicação de regras de inferência.

Vejamos outro exemplo:

"Se iniciarmos outra guerra, então diminuiremos o nosso provimento de tropas, e se violarmos os termos de nossos tratados, então seremos repudiados por nossos aliados. Certamente, iniciaremos outra guerra ou violaremos os termos dos tratados. Portanto, ou diminuiremos o nosso provimento de tropas ou seremos repudiados por nossos aliados." (Baronett, 2009, p. 257)

Se atribuirmos a notação simbólica (G, P, V, R), teremos:

1. (G => P) & (V => R)
2. G v V
3. P v R (Do dilema construtivo é possível verificar que as linhas (1) e (2) estabelecem a (3) pela aplicação direta da regra de inferência.)

Há ainda outro conjunto de regras chamadas **regras de substituição**, conforme mostra o Quadro 6.2.

Quadro 6.2 – Regras de substituição

Teorema de De Morgan	~(A & B) <=> (~A v ~B)
Comutação	(A v B) <=> (B v A) (A & B) <=> (B & A)
Associação	(A v (B v C)) <=> ((A v B) v C) (A & (B & C)) <=> ((A & B) & C)
Distribuição	(A & (B v C)) <=> ((A & B) v (A & C)) (A v (B & C)) <=> ((A v B) & (A v C))
Dupla negação	A <=> ~~A
Transposição	(A => B) <=> (~B => ~A)
Implicação material	(A => B) <=> (~A v B)
Equivalência material	(A <=> B) <=> ((A => B) & (B => A)) (A <=> B) <=> ((A & B) v (~A & ~B))
Exportação	((A & B) => C) <=> (A => (B => C))
Tautologia	A <=> (A v B) A <=> (A & B)

É importante percebermos que a aplicação das regras de inferência pode diminuir o esforço para chegarmos a uma comprovação da validade do argumento. As regras preservam a verdade, como podemos afirmar. Por um lado, elas facilitam; por outro, exigem um esforço para buscar a relação que mostra de forma dedutiva como pode ser feita a prova de uma linha expressa no argumento para a outra. Isso requer prática e tenacidade na realização de exercícios, os quais podem aperfeiçoar a intuição que nos leva a entender o processo de raciocínio aplicado, pois podem fixar as regras e facilitar a percepção de qual usar inicialmente e como continuar, se for o caso, no processo de inferência dedutiva.

O método de dedução natural permite encontrarmos a solução para a demonstração da validade. Apesar de seu uso parecer intuitivo por causa da dificuldade inicial no que se refere à escolha das regras a serem aplicadas posteriormente, para algumas proposições, trata-se de um sistema efetivo. A facilidade reside na memorização do "pacote" de dez regras apresentado no Quadro 6.2.

Síntese

Como visto neste capítulo, a dedução natural permite economia de raciocínios. Assim, construir tabelas para analisar a verdade pode se tornar um caminho longo e, por vezes, corre-se o risco de errar na construção de um enunciado complexo. As regras de inferência formam um conjunto de soluções prévias e auxiliam na busca de clareza no momento em que o argumento pode ser relacionado ao padrão previamente conhecido.

Memorizar as regras ajuda muito no processo de aplicação, mas só mediante alguma prática é possível perceber quais casos as regras cobrem, ou seja, usar esse sistema exige treino, persistência e concentração. Porém, não é de espantar que algumas dessas regras confiram legitimidade ao discurso científico. O mais importante a ser lembrado é o fato de termos ampliado aqui as ferramentas para a análise de argumentos.

Atividades de autoavaliação

Em cada questão, assinale a alternativa que identifica a regra de inferência aplicada. A resolução está em conformidade com o modelo de aplicação para todos os casos.

1. *Se os discos voadores são possíveis, então discos voadores existem. Ora, discos voadores são possíveis. Logo, discos voadores existem.*
   Resolução:
   Atribuir letras aos enunciados:
   A = Discos voadores são possíveis.
   B = Discos voadores existem.
   Podemos escrever na seguinte forma:

   $$\begin{array}{l} A \Rightarrow B \\ A \\ \therefore B \end{array}$$

a) A conclusão é válida pela regra de inferência do *modus ponens*.
b) A conclusão é válida pela regra de inferência do *modus tollens*.
c) A conclusão é válida pela regra de inferência do silogismo hipotético.
d) A conclusão é válida pela regra de inferência da absorção.

2. *Se a felicidade existe, então a vida tem sentido. A felicidade existe. Portanto, a vida tem sentido.*

   Resolução:

   A = A felicidade existe.

   B = A vida tem sentido.

   ```
   A => B
   A
   ∴ B
   ```

   a) A conclusão é válida pela regra de inferência do *modus tollens*.
   b) A conclusão é válida pela regra de inferência do *modus ponens*.
   c) A conclusão é válida pela regra de inferência da simplificação.
   d) A conclusão é válida pela regra de inferência da conjunção.

3. *Se o navio tivesse afundado, nós teríamos morrido. Nós não morremos. Portanto, o navio não afundou.*

   Resolução:

   A = O navio afundar.

   B = Nós morrermos.

   ```
   A => B
   ~B
   ∴ ~A
   ```

a) A conclusão é válida pela regra de inferência do *modus tollens*.
b) A conclusão é válida pela regra de inferência do *modus ponens*.
c) A conclusão é válida pela regra de inferência da adição.
d) A conclusão é válida pela regra de inferência da simplificação.

4. Fantasmas não existem, pois, se fantasmas existissem, a vida teria pouco sentido. Mas a vida tem algum sentido.
Resolução:
A = Fantasmas existem.
B = A vida tem pouco sentido.

$$\boxed{\begin{array}{l} A \Rightarrow B \\ \sim B \\ \therefore \sim A \end{array}}$$

a) A conclusão é válida pela regra de inferência do *modus ponens*.
b) A conclusão é válida pela regra de inferência da adição.
c) A conclusão é válida pela regra de inferência do *modus tollens*.
d) A conclusão é válida pela regra de inferência da simplificação.

5. Se eu fosse Kasparov, seria um grande jogador de xadrez. Não sou um grande jogador de xadrez. Logo, não sou Kasparov.
Resolução:
A = Eu sou Kasparov.
B = Sou um grande jogador de xadrez.

$$\boxed{\begin{array}{l} A \Rightarrow B \\ \sim B \\ \therefore \sim A \end{array}}$$

a) A conclusão é válida pela regra de inferência do *modus ponens*.
b) A conclusão é válida pela regra de inferência da adição.

c) A conclusão é válida pela regra de inferência do *modus tollens*.
d) A conclusão é válida pela regra de inferência da conjunção.

Atividades de aprendizagem

Questões para reflexão

1. Descreva o emprego do *modus tollens* na ciência. Você acredita que seu uso pode confirmar os resultados de uma teoria científica? Veja o exemplo a seguir:

   Se por um fio passa uma corrente elétrica (i), então o material (M) é bom condutor.
   O material (M) não é bom condutor.
   ___
   Portanto, não passa corrente elétrica no fio.

   Esse argumento assume a seguinte forma:

   $$\begin{array}{|l|} \hline P => Q \\ \sim Q \\ \hline \sim P \\ \hline \end{array}$$

   Isso significa que por *modus tollens* podemos saber que não passa corrente elétrica no fio.

2. Seria possível construir outros casos em que a ciência seria validada pelo *modus tollens*?

Atividade aplicada: prática

1. As proposições científicas afirmam sobre algumas entidades teóricas previstas por elas: campos eletromagnéticos, elétrons, vírus etc. Em que sentido a dedução lógica pode ser um resultado confiável para a avaliação de um cientista?

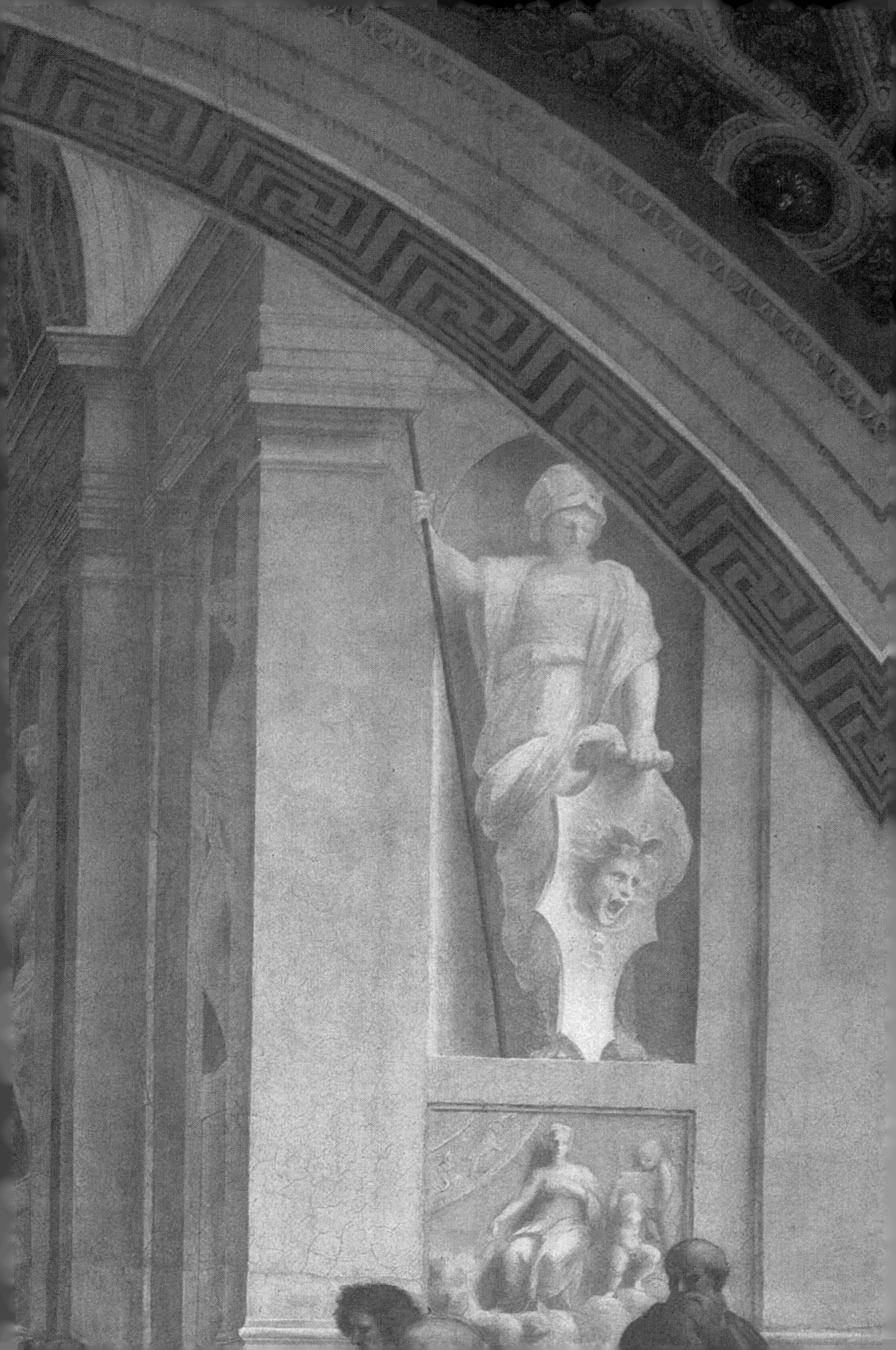

considerações finais

Desenvolvemos a presente obra como uma tentativa de introduzir alguns tópicos da lógica de maneira elementar. Porém, tivemos também a intenção de possibilitar que, mediante o exercício do raciocínio por meio de algumas atividades oferecidas, o leitor constitua uma base adequada para a compreensão da lógica como uma área do conhecimento fundamental para aqueles que apreciam uma boa apresentação do pensamento. De maneira geral, a razão costuma ter espaço garantido em qualquer situação em que nos coloquemos; então, a lógica ocupa um lugar de destaque para todos os usuários do melhor raciocínio, argumento, discurso ou debate.

Seja qual for a situação de embate de ideias, a lógica, como apresentada aqui, permite o alcance do preparo necessário para quem valoriza algo além da mera opinião. A história da lógica nos fornece subsídios para enfatizarmos que a trajetória dos grandes pensadores foi, como se espera, amparada pelos conhecimentos da lógica desde Aristóteles, principalmente. Mesmo que a inovação tenha acompanhado o pensamento de algum autor, a correção dos raciocínios nunca deixou de pertencer aos melhores textos de filosofia ou de qualquer outra área que se ocupe de conferir seriedade as suas pesquisas.

Esperamos, sinceramente, que este livro tenha explorado alguns tópicos essenciais e que tenha sido útil para o aprimoramento daqueles que se empenham em desbravar o conhecimento, oferecendo-lhes algum benefício e alguma motivação em seus estudos.

referências

ARISTÓTELES. **Metafísica**: ensaio introdutório, texto grego com tradução e comentário de Giovanni Reale. Tradução de Marcelo Perine. 2. ed. São Paulo: Edições Loyola, 2005. v. II.

BARONETT, S. **Lógica**: uma introdução voltada para as ciências. Tradução de Anatólio Laschuk. Porto Alegre: Bookman, 2009.

BOYD, R. N. Realism, Approximate Truth, and Philosophical Method in Savage. In: SAVAGE, C. W. (Ed.). **Scientific Theories**.

Minneapolis: University of Minnesota Press, 1990. p. 355-391. (Minnesota Studies in Philosophy of Science, v. 14).

BRANQUINHO, J.; MURCHO, D.; GOMES, N. (Org.). **Enciclopédia de termos lógico-filosóficos**. São Paulo: M. Fontes, 2006.

COMESAÑA, J. M. **Lógica informal, falacias y argumentos filosóficos**. 2. ed. Buenos Aires: Eudeba, 2001.

COPI, I. M. **Introdução à lógica**. Tradução de Álvaro Cabral. 3. ed. São Paulo: Mestre Jou, 1981.

DA COSTA, N. C. A. **Ensaio sobre os fundamentos da lógica**. São Paulo: Hucitec, 2008.

D'OTTAVIANO, I. M. L. On the Development of Paraconsistent Logic and Da Costa's Work. **The Journal of Non-Classical Logic**, Campinas, v. 7, n.1/2, p. 9-72, May/Nov. 1990. Disponível em: <http://www.cle.unicamp.br/jancl/logica/Nova%20pasta/Vol%207/Vol7part1-2/09a72.pdf>. Acesso em: 6 jun. 2016.

D'OTTAVIANO, I. M. L.; GOMES, E. L. Considerações sobre o desenvolvimento da lógica no Brasil. **CLE e-Prints**, Campinas, v. 11, n. 3, 2011. Disponível em: <www.cle.unicamp.br/e-prints/vol_11,n_3,2011.html>. Acesso em: 6 jun. 2016.

FLEW, A. **Pensar direito**. Tradução de João Paulo G. Monteiro. São Paulo: Cultrix, 1979.

FRIEDMAN, M. **Foundations of Space-Time Theories**: Relativistic Physics and Philosophy of Science. Princeton: Princeton University Press, 1983.

FUMERTON, R. Inference to the Best Explanation. In: DANCY, J.; SOSA, E. (Ed.). **A Companion to Epistemology**. Londres: Blackwell, 1993. p. 445- 447.

GOLDSTEIN, L. et al. **Lógica**: conceitos-chave. Tradução de Lia Levy. São Paulo: Artmed, 2007.

HAACK, S. **Filosofia das lógicas**. Tradução de Cezar A. Mortari e Luiz H. de Araújo Dutra. São Paulo: Unesp, 1998.

HARMAN, G. The Inference to the Best Explanation. **Philosophical Review**, v. 74, n. 1, p. 88-95, Jan. 1965.

KANT, I. **Manual dos cursos de lógica geral**. Tradução de Fausto Castilho. 1. reimp. Campinas: Unicamp, 2006.

KELLER, V.; BASTOS, C. L. **Aprendendo lógica**. 19. ed. Petrópolis: Vozes, 2011.

KIRKHAM, R. **Teorias da verdade**. Tradução de Alessandro Zir. São Leopoldo: Unisinos, 2003.

KNEALE, W.; KNEALE, M. **O desenvolvimento da lógica**. Tradução de M. S. Lourenço. 3. ed. Coimbra: Fundação Calouste Gulbenkian, 1991.

KUNZMANN, P.; BURKARD, F.-P.; WIEDMANN, F. **Atlas de filosofía**. Tradução de B. Feiner e R. A. P. Llobat. 2. reimp. Madrid: Alianza Editorial, 2007.

MARTINICH, A. P. **Ensaio filosófico**: o que é, como se faz. Tradução de Adail Sobral. São Paulo: Edições Loyola, 2002.

MCINERNY, D. Q. **Use a lógica**: um guia para o pensamento eficaz. Tradução de Fernando Pantoja. Rio de Janeiro: Best Seller, 2006.

MORTARI, C. A. **Introdução à lógica**. São Paulo: Unesp, 2001.

NEWTON-SMITH, W. H. **Lógica**: um curso introdutório. Tradução de Desidério Murcho. 3. ed. Lisboa: Gradiva, 2011.

NOLT, J.; ROHATYN, D. **Lógica**. Tradução e notas de Mineko Yamashita. São Paulo: Makron Books, 1991.

PEIRCE, C. S. **Ilustrações da lógica da ciência**. Tradução de Renato Rodrigues Kinouchi. Aparecida: Ideias & Letras, 2008.

POZZEBON, P. M. G. (Org.). **Mínima metodológica**. Campinas: Alínea, 2006.

REICHENBACH, H. **Experience and Prediction**: an Analysis of the Foundation and Structure of Knowledge. Chicago: The University of Chicago Press, 1938.

SALMON, W. C. **Lógica**. Tradução de Álvaro Cabral. Rio de Janeiro: Prentice-Hall, 1993.

SORELL, T. **Descartes**. Tradução de Luiz Paulo Rouanet. São Paulo: Edições Loyola, 2004.

STEIN, S. I. A. Willard Van Orman Quine: a exaltação da 'nova lógica'. **Scientiae Studia**, São Paulo, v. 2, n. 3, p. 373-379, 2004. Disponível em: <http://www.scielo.br/pdf/ss/v2n3/a04v2n3.pdf>. Acesso em: 6 jun. 2016.

THAGARD, P. R. The Best Explanation: Criteria for Theory Choice. **The Journal of Philosophy**, v. 75, n. 2, p. 76-92, Feb. 1978. Disponível em: <http://watarts.uwaterloo.ca/~pthagard/Articles/best-explanation.pdf>. Acesso em: 6 jun. 2016.

VAN FRAASSEN, B. C. **Introduccion a la filosofia del tiempo y del espacio**. Tradução de Juan Pedro A. Goicoechea. Barcelona: Labor, 1978.

WAGNER, P. **A lógica**. Tradução de Marcos Marcionilo. São Paulo: Parábola, 2009.

bibliografia comentada

As obras indicadas a seguir se constituem em importantes leituras complementares. Para aqueles que desejarem uma incursão em alguns tópicos de maneira mais aprofundada, mesmo em língua portuguesa existem boas obras traduzidas ou originais. Trata-se de selecionar algum capítulo ou uma obra inteira que possa contribuir com o crescimento do conhecimento pessoal em lógica.

BARONETT, S. **Lógica**: uma introdução voltada para as ciências. Tradução de Anatólio Laschuk. Porto Alegre: Bookman, 2009.
A obra deve ser considerada fonte de consulta pelo vasto material apresentado e pela profundidade na abordagem dos temas. Apesar de o título indicar uma referência às ciências, o livro é de enorme utilidade para aqueles que querem exercitar e ampliar as habilidades necessárias para um bom conhecimento em lógica. O Capítulo 8 ("Lógica e linguagem") é essencial para aprofundar os estudos na área, visto que em *Lógica para pedestres* tal tema foi pouco abordado.

KNEALE, W.; KNEALE, M. **O desenvolvimento da lógica**. Tradução de M. S. Lourenço. 3. ed. Coimbra: Fundação Calouste Gulbenkian, 1991.
Para entender melhor os diversos pensadores e escolas filosóficas que se dedicaram à lógica, é fundamental a compreensão da história da lógica. Nesse sentido, essa obra percorre os principais pensadores e escolas que contribuíram de modo vital para desenvolver os fundamentos da área.

respostas

Capítulo 1

Atividades de autoavaliação

1. c
2. c
3. a
4. c
5. b

Atividades de aprendizagem

Questões para reflexão

1. A lógica aristotélica é a representação da racionalidade formal. A lógica de Platão foi utilizada no sentido mais amplo de dialética.

2. Orientação para a resposta: Descreva o tipo de racionalidade que o conhecimento do mito e o do logos podem apresentar. Exemplifique as diferenças entre essas duas formas de conhecer e organizar o conhecimento.

Atividades aplicadas: prática

1. Orientação para a resposta: Acrescente argumentos que expressem a utilidade da lógica no cotidiano e também no uso científico.

2. Orientação para a resposta: Reflita sobre a aplicação da lógica em casos nos quais ela não tenha utilidade. Exemplifique e explique a dificuldade da aplicação.

Capítulo 2

Atividades de autoavaliação

1. d
2. a
3. a
4. a
5. d

Atividades de aprendizagem

Questões para reflexão

1. A água tem seu ponto de ebulição a 100 graus Celsius no nível do mar. (premissa)

Ela é um líquido que se evapora a partir dessa temperatura. (premissa)

Assim, a água é vapor quando aquecida a 100 graus Celsius. (conclusão)

2. Orientação para a resposta: Considere que, infelizmente, as falácias induzem a erros por causa de julgamentos rápidos.

Atividades aplicadas: prática

1. Resposta pessoal.
2. Preconceitos são generalizações rápidas. Eles geralmente contêm várias falácias construídas com argumentos pouco racionais, mas muito emotivos ou com uma composição de outras falácias.

Capítulo 3

Atividades de autoavaliação

1. c
2. a
3. a
4. c
5. c

Atividades de aprendizagem

Questões para reflexão

1. Orientação para a resposta: Faça uma contraposição entre a filosofia de Parmênides e a de Heráclito.
2. Sugestão de resposta:
   Todos os mamíferos têm quatro patas.
   Alguns mamíferos têm quatro patas.

Atividade aplicada: prática

1. Orientação para a resposta: Construa uma frase e identifique se é uma proposição do tipo A, E, I ou O.

Capítulo 4

Atividades de autoavaliação

1. a
2. a
3. d
4. a
5. b

Atividades de aprendizagem

Questões para reflexão

1. Aspecto positivo: as tabelas de verdade descrevem os passos que o raciocínio deve seguir.

2. Aspecto negativo: as tabelas podem ser muito extensas.

Atividade aplicada: prática

1. Orientação para a resposta: A matemática não pode ser tautológica. Ela tem de dizer algo sobre o mundo ou os próprios objetos teóricos.

Capítulo 5

Atividades de autoavaliação

1. a
2. a
3. a

4. a
5. b

Atividades de aprendizagem

Questões para reflexão

1. Orientação para a resposta: A ciência se preocupa com a verdade.
2. Orientação para a resposta: Seria adequado descrever os modelos atômicos desde Joseph John Thomson.

Atividades aplicadas: prática

1. Resposta pessoal.
2. Orientação para a resposta: Analise que o objetivo da ciência é explicar os objetos do mundo.

Capítulo 6

Atividades de autoavaliação

1. a
2. b
3. a
4. c
5. c

Atividades de aprendizagem

Questões para reflexão

1. Orientação para a resposta: Em alguns casos, sim.
2. Resposta pessoal.

Atividade aplicada: prática

1. Apenas no nível dos enunciados matemáticos.

sobre o autor

Erickson C. dos Santos é doutor e mestre em Filosofia pela Faculdade de Filosofia, Ciências e Letras da Universidade de São Paulo (USP). Tem graduação em Física pela Universidade Federal de São Carlos (UFSCar) e em Filosofia pela Pontifícia Universidade Católica de Campinas (PUC-Campinas). Atualmente é professor adjunto da Universidade de Mato Grosso do Sul (UFMS). Tem interesse nas áreas de lógica, história da filosofia moderna, filosofia da ciência, história da ciência, filosofia da tecnologia e filosofia da mente.

A Escola de Atenas (Scuola di Atene)
Raphael Sanzio, 1509-1510
afresco, 500 × 770 cm
Stanza della Segnatura, Palácio Apostólico
Cidade do Vaticano

Impressão:
Junho/2023